修念

七種自利利他的「心靈煉金術」

Mind Training

作者：林谷祖古仁波切 (Ringu Yulku Rinpoche)

譯者：呂家茵　審譯：金吉祥女

祈願一切眾生都得到快樂，也創造快樂之因；
祈願一切眾生都遠離痛苦，也遠離痛苦之因；
祈願一切眾生都尋得高尚、不被痛苦所染汙的喜悅；
祈願一切眾生都超越世俗對朋友敵人分別之見，
獲得完整無私的悲心。

~四無量心

謹以本書真摯獻與
所有曾經孜孜不倦教導我的善知識。

～林谷祖古仁波切

| 目 次 |

中文版作者序　　　　　　　　　　　　　7

第一部 文本

〈修心七要〉　　　　　　　　　　　10

第二部 序曲：訓練前的暖身動作

前言　幾個發自內心的問題　　　　　30

第一章　快樂　　　　　　　　　　　34

第二章　心　　　　　　　　　　　　38

第三章　悲心　　　　　　　　　　　42

第四章　修心訓練與緣起　　　　　　46

　　　　問與答　　　　　　　　　　49

第三部 主旋律：開始訓練你的心

第一項訓練：前行思維　　　　　　　56

第二項訓練：悲智雙運　　　　　　　66

　　　　　問與答　　　　　　　　　85

第三項訓練：逆境轉化　　　　　　　94

第四項訓練：生死修行　　　　　　　108

第五項訓練：自我評估　　　　　　　116

第六項訓練：紀律養成　　　　　　　120

　　　　　問與答　　　　　　　　　129

第七項訓練：重點修持　　　　　　　136

　　　　　結語偈文　　　　　　　　145

附錄：「懶喇嘛」眼中的佛教徒禪修　　146

　　問與答　　　　　　　　　　　　161

詞彙對照表　　　　　　　　　　　　170

| 中文版作者序 |

很高興聽到《修心》這本書的中譯本即將問世，這應該是我第一本被翻譯成中文的作品。在西藏，修心是大乘佛教中一個久遠的法門；不過，由於本書是幾年前我面對一群西方學生時的講解，所以不確定中文讀者是不是也能覺得同樣受用？

在講解中，我帶入了菩薩行修持的「自他交換法」，也就是在實際的禪修中以自己享有的福祉交換他人的痛苦、煩惱，藉此對治憎恨和貪著。這項練習利用我們的畏懼心與擔心，策發出自己與生俱來的悲心與智慧。藉由明白我們的經驗並非外在環境造成，而是自己對事物採取各種反應的結果，我們訓練自己，改變由內在體驗事物的方式。

我要感謝為這本書中譯本問世而付出心力的幾位出版界朋友：眾生出版社總編輯黃靖雅小姐、編輯徐世華、譯者呂家茵以及審譯者金吉祥女。她們合力完成的這本中文譯作，希望能饒益無數的中文讀者，更加認識自己的心。

林谷祖古仁波切
2012年10月2日

第一部——文本

｜藏譯中｜

ཐེག་པ་ཆེན་པོའི་གདམས་ངག་བློ་སྦྱོང་དོན་བདུན་མའི་རྩ་བ་བཞུགས་སོ། །

修心七要

阿底峽尊者／傳　恰喀瓦尊者／著　堪布索達吉／藏譯中

དང་པོ་སྔོན་འགྲོ་དག་ལ་བསླབ། །

[1]首先修前行[2]

ཆོས་རྣམས་རྨི་ལམ་ལྟ་བུར་བསམ། །

མ་སྐྱེས་རིག་པའི་གཤིས་ལ་དཔྱད། །

思諸法如夢

觀心性無生

གཉེན་པོ་ཉིད་ཀྱང་རང་སར་གྲོལ། །

ངོ་བོ་ཀུན་གཞིའི་ངང་དུ་བཞག། །

對治亦自解

道體住賴耶

編註 1 此句之前堪布索達吉譯本有「頂禮大悲尊者（觀世音菩薩）！」一句。

　　2 此句「首先修前行」在堪布索達吉譯本沒有。

The Seven Points of Mind Training
修心七要

林谷祖古仁波切／藏譯英　呂家茵／英譯中

First, train in the preliminaries.

修心第一要：

首先，由前行做起。

The Second Point

Regard all phenomena as a dream.

Examine the unborn nature of mind.

修心第二要：

視一切現象如幻夢，

審視心的無生自性。

Self-liberate even the antidote and free yourself from the findings
of the meditation.

Rest in the nature of alaya.

跳脫你的禪修經驗，釋放自己才是解藥。

安住在阿賴耶本性中。

ཕྱན་མཚམས་སྒྱུ་མའི་སྐྱེས་བུར་བྱ། །
གཏོང་ལེན་གཉིས་པོ་སྟེལ་མར་སྦྱང་། །

座間修幻化

雜修二取捨

དེ་གཉིས་རླུང་ལ་བསྐྱོན་ཏེ་བྱ། །
ཡུལ་གསུམ་དུག་གསུམ་དགེ་རྩ་གསུམ། །

彼二乘風息

三境毒善根

སྤྱོད་ལམ་ཀུན་ཏུ་ཚིག་གིས་སྦྱང་། །
ལེན་པའི་གོ་རིམ་རང་ནས་བཅས། །

³諸威儀持頌

取次從自起

སྣོད་བཅུད་སྡིག་པས་གང་བའི་ཚེ། །
རྐྱེན་ངན་བྱང་ཆུབ་ལམ་དུ་བསྒྱུར། །

罪滿情器時

惡緣成覺道

ལེ་ལན་ཐམས་ཅད་གཅིག་ལ་གདའ། །
ཀུན་ལ་བཀའ་དྲིན་ཆེ་བར་བསྒོམ། །

報應皆歸一

修一切大恩

---

3 此句之前堪布索達吉譯本有「為促憶念彼」一句。

In postmeditation, view everything as illusion.

Train in taking and sending.

下座後，萬物在你眼中為幻象。

在「受」與「給」當中訓練自己。

These two should ride thebreath.

Three objects, three poisons, three roots.

循著你的呼吸修持，

三對境、三毒、三善根。

Cultivate a compassionate attitude by enlisting the slogans.

Begin the sequence with yourself.

依口訣修行，培養慈悲的態度。

從你自己開始修習「自他交換法」。

The Third Point

Turn all mishaps into the path to enlightenment.

修心第三要：

轉化所有的惡緣成為證悟之道。

Drive all blame into one.

Be grateful to everyone.

將修行中所有問題與艱難的過錯，歸咎自己。

對於他人成就自己修行，則心懷感激。

འཁྲུལ་སྣང་སྐུ་བཞིར་བསྒོམ་པ་ཡི། །

སྲུང་ཞིང་སྲུང་བ་བླ་ན་མེད། །

迷境觀四身

空護為最上

སྦྱོར་བ་བཞི་ལྡན་ཐབས་ཀྱི་མཆོག །

四行勝方便

འཕྲལ་ལ་གང་ཐུག་བསྒོམ་དུ་སྦྱར། །

所遇修道用

མན་ངག་སྙིང་པོ་མདོར་བསྡུས་པ། །

སྟོབས་ལྔ་དག་དང་སྦྱར་བར་བྱ། །

總攝竅訣要

應修習五力

ཐེག་ཆེན་འཕོ་བའི་གདམས་ངག་ནི། །སྟོབས་ལྔ་ཉིད་ཡིན་སྤྱོད་ལམ་གཅེས། །

大乘死教言　五力重威儀

ཆོས་ཀུན་དགོས་པ་གཅིག་ཏུ་འདུས། །

諸法攝一要

See confusion as the four kayas.

The protection of emptiness is unsurpassable.

觀迷惑為四身,

空性是我們無上的保護。

Four applications are the best of methods.

四種方便是最好的修行法。

To bring the unexpected obstacles to the path,

prepare by training now.

就從現在起,訓練自己,

把無預期的違緣帶入修行道。

The Fourth Point

Train in the five forces.

修心第四要:

修持五種力量。

The instructions for how to die properly are the five forces.

五力,是如何死得其法的引導。

The Fifth Point

All dharmas agree at one point.

修心第五要:

所有的教法都同意一點。

དཔང་པོ་གཉིས་ཀྱི་གཙོ་བོར་བཟུང་། །
ཡིད་བདེ་འབའ་ཞིག་རྒྱུན་དུ་བསྟེན། །

二證取上首
恒當依歡喜

ཡེངས་ཀྱང་ཐུབ་ན་འཕྲོངས་པ་ཡིན། །

能散即圓滿

སྤྱི་དོན་གསུམ་ལ་རྟག་ཏུ་བསླབ། །
འདུན་པ་བསྒྱུར་ལ་རང་སོར་བཞག །

恒學三總義
轉欲自穩重

ཡན་ལག་ཉམས་པ་བརྗོད་མི་བྱ། །
གཞན་ཕྱོགས་གང་ཡང་མི་བསམ་མོ། །

不應說缺陷
全莫思他過

ཉོན་མོངས་གང་ཆེ་སྔོན་ལ་སྤང་། །
འབྲས་བུར་རེ་བ་ཐམས་ཅད་སྤང་། །

先淨重煩惱
斷一切果求

Rely upon the better of two witnesses.

Always be sustained by cheerfulness.

在自我與他人的兩種見證中，你該仰賴的是誠實的那一個。

無論善緣、惡緣，總是保持歡喜心。

You are well trained if you can practice even when distracted.

散亂中也能修持，表示你已經修行有成。

The Sixth Point

Practice the three basic principles.

Change your attitude but remain natural.

修心第六要：

修持三個基本原則，

轉變愛自己勝過他人的心態，保持安住於自性。

Do not talk about weak points.

Do not ponder others' faults.

別放大別人的缺陷，

別細想別人的過錯。

Work on your greatest defilement first.

Give up hoping for results.

從對治自己最大的汙點開始，

放下對成果的期待。

དུག་ཅན་གྱི་ཟས་སྤང་། །

གཞུང་བཟང་པོ་མ་བསྟེན། །

捨棄有毒食

莫學重義氣

ཐག་ངན་མ་ཤོད།

འཕྱང་མ་བསྒུག

莫發粗惡語

勿候險阻處

གནད་ལ་མི་དབབ།

མཛོ་ཁལ་སྒྱང་ལ་མི་འགྲོ།

莫刺要害處

犏載莫移牛

མགྲོགས་ཀྱི་ཅེ་མ་གཏོད།

གཏོད་ལོག་མི་བྱ།

不好強爭先

斷除諸邪命

ལྷ་བདུད་དུ་མི་དབབ།

སྐྱིད་ཀྱི་ཡན་ལག་ཏུ་སྡུག་མ་ཚོལ།

天莫淪為魔

為樂莫求苦

Refrain from poisonous food.

Do not be predictable.

遠離毒食。

別過於武斷。

Forsake ridicule and cutting remarks.

Do not wait in ambush.

不說戲弄人、挖苦人的話，

不做伺機報復的事。

Do not strike at the sore point.

Do not transfer the ox's load to the cow.

不攻擊別人的痛處，

別把公牛的負重轉移到體力弱的母牛上。

Do not try to be the fastest.

Do not act with twisted motives.

別把修行當賽跑，

別扭曲修行的動機。

Do not make gods into demons.

Do not seek another's pain as the instrument of your happiness.

別把天神變成了魔鬼，

別尋求在他人的受苦中，建立自己的快樂。

རྣལ་འབྱོར་ཐམས་ཅད་གཅིག་གིས་བྱ། །

諸瑜伽持一

ལོག་གནོན་ཐམས་ཅད་གཅིག་གིས་བྱ། །

ཐོག་མཐའ་གཉིས་ལ་བྱ་བ་གཉིས། །

遇違緣修一

初後行二事

གཉིས་པོ་གང་བྱུང་བཟོད་པར་བྱ། །

གཉིས་པོ་སྲོག་དང་བསྲུངས་ནས་བསླང་། །

二境皆應忍

捨命護二事

དཀའ་བ་གསུམ་ལ་བསླབ་པར་བྱ། །

རྒྱུ་ཡི་གཙོ་བོ་རྣམ་གསུམ་བླང་། །

當學三種難

取三主要因

The Seventh Point

All activities should be done with the intention of helping others.

修心第七要：

懷抱著利益眾生的意圖行事。

Correct all wrongs with one intention.

Two activities, at the beginning and at the end.

為了一個目標，克服所有的惡緣。

在一天的開始與結束，憶念為自己與他人所發的菩提心。

Whichever of the two occurs, be patient.

Observe these two even at the risk of the loss of your life.

無論發生任何事情，保持安忍。

即便冒著生命危險，也要遵守正命戒律。

Train in the three difficulties.

Take up the three essential factors.

在三種困境中修心，

維持修行的三要素。

ཉམས་པ་མེད་པ་རྣམ་གསུམ་བསྒོམ། །

འབྲལ་མེད་གསུམ་དང་ལྡན་པར་བྱ། །

修三無失壞

成就三無離

ཡུལ་ལ་ཕྱོགས་མེད་དག་ཏུ་སྦྱང༌། །

ཁྱབ་དང་གཏིང་འབྱོངས་ཀུན་ལ་གཅེས། །

於境修無偏

遍且深修習

བཀོལ་བ་རྣམས་ལ་རྟག་ཏུ་བསྒོམ། །

རྐྱེན་གཞན་དག་ལ་ལྟོས་མི་བྱ། །

於屬境恒修

不依賴他緣

ད་རེས་གཙོ་བོ་ཉམས་སུ་བླང༌། །གོ་ལོག་མི་བྱ།

今當修主要　不顛倒是非

རེས་འཇོག་མི་བྱ། དོལ་ཆོད་དུ་སྦྱང༌།

ཐོག་དཔྱོད་གཉིས་ཀྱིས་ཐར་བར་བྱ།

不時作時修　當堅定而修

以二觀察解

Do not allow three things to weaken.

Keep the three inseparable.

別對三件事生起退心，

保持身、口、意不離修心。

Train in all areas, without partiality.

Do this pervasively.

在所有對境上，無分別、徹底地、

全面地修行。

Meditate on subjects which provoke you.

Do not be swayed by external circumstances.

在招惹你的對境上禪修，

心不隨外在情勢擺佈。

Practice the important points now.

Do not misapprehend.

即時修行重要教法，

停止六種顛倒。

Be firm. Train wholeheartedly.

Free yourself by examining and investigating.

堅定、全心全意地修持，

以檢視與觀察釋放自己。

ཡུས་མ་བསྒྲོམ།

ཀོ་ལོང་མ་སྟོམས།

不好大喜功

不暴躁易怒

ཡུད་ཚམ་པ་མི་བྱ།

ཞོར་ཆེ་མ་འདོད།

不喜怒無常

莫追求聲譽

སྐྱིགས་མ་ལྔ་པོ་བདོ་བ་འདི། །

བྱང་ཆུབ་ལམ་དུ་བསྒྱུར་བ་ཡིན། །

མན་ངག་བདུད་རྩིའི་སྙིང་པོ་འདི། །

གསེར་གླིང་པ་ནས་བརྒྱུད་པ་ཡིན། །

將此盛五濁

轉為菩提道

竅訣甘露藏

乃傳自金洲

Do not indulge in self-pity.

Do not be jealous or irritable.

別沉迷於自憐，

別嫉妒、別急躁。

Do not be temperamental.

Do not expect thanks or applause.

別太情緒化、狂喜暴怒，

別期待他人的感激或讚賞。

This quintessential elixir of instruction,

Which changes the five kinds of degeneration

Into the way of awakening,

Is a transmission from Serlingpa.

這個「將五種墮落轉化為覺醒之方」的靈藥指引，

是金洲大師傳授給我的。

སྔོན་སྦྱངས་ལས་ཀྱི་འཕྲོ་ཤད་པས། །

རང་གི་མོས་པ་མང་བའི་རྒྱུས། །

由昔修業醒

自眾信為因

ཕྱུག་བསྲལ་གདུང་ཞེན་ཁྱད་བསད་ནས། །

བདག་འཛིན་འདུལ་བའི་གདམས་ངག་ཞུས། །

能輕苦識毀

請調我執教

ད་ནི་ཤི་ཡང་མི་འགྱོད་དོ། །

今死亦無憾

The awakening of the karmic energy

of previous training

Aroused intense interest in me.

由往昔訓練業力的覺醒，

引發我的強烈學習動機。

Therefore, I ignored suffering and criticism

And sought instruction for subduing ego-clinging.

所以，無視痛苦與譏毀，

我尋找調伏我執的方法。

Now, when I die, I will regret nothing.

如今，即便我要離開這個世界了，也了無遺憾。

第二部——

序曲：訓練前的暖身動作

幾個發自內心的問題

無論我們選擇哪一條道路，懷抱寬容、仁慈的利他之心，
生命終將更為豐盈而有意義。

我們為什麼想要追尋一條心靈之路？也許，是想為我們的生命，找
到更重大的目標與意義。

我們需要向內尋求更有效率的方式，處理生命中面對的許多問題。
我們希望找到永恆的快樂，可惜，至今嘗試過的解決辦法，都不怎
麼有效。物質世界提供我們許多解決實際問題的辦法，不過，這些
並不盡然能為我們的心靈帶來喜悅的滿足。於是，那些發自內心、
渴望能有一個更令人滿意的人生問題，逐一在內心顯現。這些問
題，也成為我們需要進一步探究真理的部分原因。

悲心，療癒了痛苦與煩惱

自古以來，許多的宗教信仰與哲學理論，先後為這些問題提供了各

式各樣的答案，面對琳瑯滿目的建議，要選擇一條道路來遵循並不容易。然而，在所有的宗教傳統與信念中，我發現「無私」是唯一一項共同為大家稱頌的美德。當我說「真正的聖者，是致力於對他人無私奉獻的人」時，我並不是在提倡每個人都應該成為聖者那樣而活著。但顯然地，擁有一顆仁慈與寬容的心，絕對有助於我們啟發自性並創造出內在的心靈資源。無論我們選擇的是哪一條心靈道路，懷抱利他之心，最終都將引導我們感受到真實的內在豐盈。

在藏文中，lo指「心」，jong是「訓練」，合起來的意思是「修心」。這項修心訓練被視為是佛教中最重要的一項單一教法。它以開展對我們自身與他人的大悲心為基礎，提供我們一個簡單又完整的方法，來練習減少我執與自私的習氣。奇妙的是，當我們一旦對自己與眾生都懷抱著一份悲心的時候，它同時也舒緩了生活中的壓力，並療癒自身不快樂的情緒。當我們越關心他人的痛苦，並開展出幫助他人的強烈願心時，你會發現自己的痛苦與煩惱變得越來越少、越微不足道了。

保持正面的生命態度

修心，不只是一種心理或心智上的訓練方法，也是一套深刻的教育方式，能夠徹底改變我們習以為常的思維模式。它的禪修指引與教法簡單又直接，是日常生活中的實踐法門。這個法門既不複雜，也不拘泥於形式，更不需要具備特別的能力，每個人都能訓練自己的心。這些修心要訣的智慧放諸四海皆準，超越宗教的藩籬，也不是佛教徒才有的專屬權益。

我們對生命抱持何種態度，非常重要。藉由改變看待事情的方式，這項修心訓練能夠提升我們對待生命的心態。當我們以正面心態生活時，任何不幸的經驗都無法將我們擊潰。正面心態能夠讓我們生起信心與內在力量，去面對生命的挑戰。因而在面對違緣與干擾時，我們不但不會消極不安，反而是接受它，也把面臨的問題，在轉念的當下，化為可能的契機。

重複練習，再練習

為抒解每個人的痛苦而努力所帶來的滿足感，讓我們確信生命更有成就感、更具價值。最後，修心訓練還有另一個清楚的目標：我們不只是為了成就無私而修心，在此同時，我們也直接面對自我——這個讓我們產生許多痛苦的元凶。修心訓練提供了一個無價的洞見，讓我們看透「自我」在生命中扮演的角色，以及它的需索。

佛陀教導我們的不只是將聽到的教法照單全收，還應該去加以分析、驗證。就像一位金匠，會藉由切割、琢磨、燒熔等工序，來判斷並檢驗面前金屬的品質。這些法教是否令人獲益，取決於我們是否親身力行。在思維法教後，我們對於所獲得的知識進行修持，應一次又一次地重複練習，直到它自然而然地成為生活中的一部分。修心訓練做的越多，我們越能感受它所蘊含的深遠智慧。

| 第一章 |

快樂

我們無止盡的向外追尋快樂，卻一次又一次換來痛苦與失望。

我們早已忘記，快樂其實來自內在……

關於快樂這個字，存在好幾個不同的涵義，它的意思因地、因人而不同。對我們有些人而言，它可以代表財富；對其他的人，它可能是健康或成功。然而，對於這個世界上有些國家的人民來說，所謂的快樂，其實單純只是一種免於被暴力或被攻擊的安全感。然而，對於已經享有基本生活需求與安全的我們，快樂，可能就是免於情緒上的困擾。但問題是，我們該如何解決自己所有的情緒問題呢？

你快樂嗎？

過去，在受到自利與自我保護心態的驅使下，我們試著想要獲得快樂，因此，無明地選擇了一條必須承擔許多後果的欲望與執著之路。其實，我們對快樂的渴望與害怕不快樂的恐懼，是分不開的。

我們無止盡的追尋快樂，其中多少也蘊含了我們想要逃避痛苦與不適的憎恨情緒。

當我們說：「我想要快樂」時，意思也意味著：「我不想要不快樂」。每一個人都是這樣的：追求讓自己感覺快樂的事，逃離那些令自己不開心的事。而修心訓練所要克服的，正是這樣的矛盾。

我們大部份的憂傷與痛苦，源自於這顆心——對事物抱持著不切實際的期望，與負面反應所造成的結果。當我們對某人、某事、某種愉悅的經驗貪執時，我們的貪念會進一步引發佔有欲與執著。當外境讓我們滿足時，我們便對它產生貪執，越是對它貪執，我們越想要緊緊抓住它，也更加為了捍衛自己的領地與資產而焦慮不已。

對於關心的事物，我們都會加以理想化，並且想要安全地保護它，以免被他人侵犯。至於那些很想要、花了很多力氣去追求，卻仍然得不到，並令人感到挫折沮喪的事物，我們由貪愛轉而生起了瞋念。當事物不能滿足我們時，我們憤然將它否決，斷定它在一開始就不適合自己，然後再去尋找下一個目標：一個我們相信不同的、更好的、全新的目標。

我們的貪愛與憎恨還會產生其他的煩惱，為自己帶來更多負面情緒。達成了預期中的目標，我們會為自己的成就感到驕傲；相反的，當期望落空時，我們產生羨慕與嫉妒。因為得不到自己想要的，或無法保住自己認為需要的所產生的瞋恨，會讓我們生起一種恐懼。恐懼，正是不快樂的基本因素。當某件事物讓我們越感到厭惡，心裡對它的畏懼也越強烈。

快樂來自於內在

我們雖然能夠躲開那些讓自己厭惡或害怕的事物，但是，討厭它的情緒依然持續。這股瞋恨的反感，其實是源自於對過去的記憶與對未來的預期。

儘管當下無憂無慮，我們卻預期著麻煩事會再度發生，而放不下心。即使一件不愉快的事情已經落幕，我們心裡總還留著那不舒服的感覺，而且總能挖出過去的傷痛再折磨自己。瞋恨是自己造作出來的，所以我們無處可逃；而試著去除讓自己不高興的這種負面情緒，只會讓瞋恨這念頭更加的沒完沒了。

外境從來不是導致我們痛苦的單一決定因素；決定自己會不會受苦的，是我們內心的態度。倘若對任何事情都不起瞋恨，痛苦將從何而生？例如，走進一間房間，開始嫌東嫌西，抱怨房裡的溫度太熱、空間太小、裝潢簡陋……，這時，我們已經認定是這屋子的不舒適讓自己不開心。其實屋子本身根本無關緊要，是內心生起的厭惡感，讓自己產生種種的不滿。

厭惡感是導致我們錯誤思維模式的根源，它可以透過學習來加以修正。我們的喜悅與悲傷，不來自外在，也並非不能掌控。快樂來自於內在，所以，學習更正面地回應生命裡遇到的每一個挑戰，我們就可以為自己製造快樂。所以，快樂或不快樂都是自己的決定，快樂是可以經由練習而養成的一個習慣。

轉個彎，與快樂打照面

一旦我們開展出內心正面的感受力，它的能量就會越來越強，看待所有一切事物的態度也會越來越正面。下面這個故事最能說明這個觀點。

有位中國老婆婆生有兩個女兒，一個賣紙傘、一個賣雨鞋，但老人家整日愁眉苦臉，下雨也哭，晴天也哭。身旁的朋友忍不住問了老婆婆如此憂傷的原因。老婆婆回答他說，艷陽高照的晴天裡，她總想到那個賣雨鞋的女兒，這天八成沒有生意可做，這樣一來，要拿什麼養家糊口？雨天，她又掛念著賣紙洋傘的另一個女兒，因為紙做的洋傘，下雨天根本別想賣出去，這麼一來，要換她養不了家！

朋友聽了老婆婆的回答後說：「妳這麼想就錯了！下雨天，妳要感到開心，因為賣雨鞋的女兒鐵定有生意做了；大晴天，又要為另一個女兒開心，因為她賣的紙洋傘這時一定派得上用場。」這建議讓老婆婆開始用一個前所未有的心態看事情，從此，她心滿意足。

在一開始，我們藉由修心訓練所培養的正面態度與習慣非常脆弱。但假以時日，我們將能穩紮穩打地將負面習氣去除——別忘了，這些負面習氣曾經在生命裡擋住我們，讓我們與快樂絕緣了好久好久的時間。

| 第二章 |

心

我們必須訓練自己的心，因為它是我們受苦的來源。

少了心，萬物將對我們不具任何意義。這顆心並不創造或指使每件存在的事物；然而，只有透過這顆心，我們才能感受、理解世界。「心」是我們交涉的唯一對象，除此之外，別無他物了。因此必須訓練自己的心，因為它是我們產生苦受的來源。

心，老是失控！

以佛教徒的觀點來說，苦受源自於我們這顆受限於平庸而且無明的心。首先，我們未能意識有關「存在」的基本真相。因為無知，我們誤解了自己真正的本性與現實的本質。其次，迷惑與煩惱、易躁，也讓人難以調伏自己的心。其實我們並不瞭解自己，也不明白自己的那些情緒。

對於總是被妄念與煩惱牽著鼻子走的我們來說，修心練習是必須的，可以幫助我們駕馭自己的心。知道自己不應該生氣、嫉妒或是沮喪，因為沒有人會在這些情緒中感到舒服；但是，我們還是任由它們淹沒自己。希望自己有著正面形象而且是仁慈的，然而無法控制自己的心，我們就無法做到這一切。

這顆平凡的心是如此地受限，而且缺乏安全感。我們的覺知受到拘束，被禁錮在自己所習慣、熟悉的狹小世界而不得超脫。對於任何「新奇」或者「與眾不同」的事情，我們抱持疑慮。這些限制根本是自找的，擁有一個截然不同的心態，並不是不可能的事。

你的，我的，他的？

我們創造了一個獨一無二、恆常不變的個體、某個任憑情緒與念頭來來去去，仍然牢牢地存在身體某處的「我」的錯覺。以佛教來說，我們用「我執」來描述這個錯覺。這個假想出來的我，帶來分別，將我們原本完整的心一分為二。我執創造了一個自我（自）與他物（他）之間二元對立的關係，將經驗劃分為色相與觀看者，感受與感覺者，念頭與思考者。這是我們產生執著的根基。

「想要這個」、「不想要那個」，我們將「我」的喜歡與不喜歡投射到外在世界。事實上，在基本的心識之外，並沒有一個「我」，也沒有一個有別於經驗的「我」。經驗便是一切，我們對經驗不具任何的所有權。如果無法體認到這個事實，平息這些投射的話，我們只有持續受苦。

心，究竟是什麼？

要探索這顆心，可以從與它面對面接觸開始，確認它和我們認知的是否一樣。人類已經用了幾千年來推敲這顆心，可惜結果對我們的幫助並不大。唯有透過小心、謹慎的檢視，我們才有機會察覺心識的本質。關於「心」這個主題，已經出現過許多理論，人們談著它、討論它，但是，我們是否真的曾經在某處找到了心？「心」究竟是什麼？位於何處？是不是我們身體的一部分？「心」是不是住在心臟裡、還是住在我們的腦子裡，或者任何其他地方呢？

我們理所當然地覺得「心」存在，可是，如果真是如此，它必然要有些能夠被找到的蛛絲馬跡。我們對「心」知道多少呢？它的大小、形狀與顏色是什麼？我們如何辨識它？就算翻遍整個世界，我們也找不到這些問題的答案，因為，世上根本沒有一個實質存在的這顆「心」。

心是我們的自性

這顆「心」並沒有結構或實體，它沒有顏色、沒有形狀，也不曾以任何形態存在。「心」並不是一個與外境接觸而有的獨立、分開意識。它是短暫、瞬變的覺知，是我們的某個感官受外境吸引後產生的結果。對境讓我們的心起了作用，產生了反應或關聯性。比如眼睛察覺到某個事物，所以生起眼識；某種聲音傳入耳朵，因而我們有了耳識。我們的經驗是由這些不同因緣共同創造出來的。我們誤解它是心的連續作用與活動，其實，它是一連串瞬息萬變、永無止境的念頭的集合。

我們清淨、證悟的心是無限的，具有任運一切的潛力，不受拘束。西藏文的「佛陀」是「桑傑」，這是一個非常具有啟發性的單字，意指覺醒與綻放。覺醒與成長出於我們的內在，並非某項嶄新或者不同的智能，也不是我們從不知道的知識。它是我們已經具有的智慧，也就是我們的自性。我們的心，與佛陀證悟的那顆心是等同的，我們與佛之間並無不同。佛陀與在他之後的許多人，成功地擺脫了無明與痛苦，為我們展現了走在修行道上所需的力量、完美的訓練與加持。

唯有透過真誠、謹慎地觀察這顆心，才有可能明白它真實的自性。以正念覺知來瞭解這顆心，這就是禪修的目的。

| 第三章 |

悲心

無私的悲心，指的不只是對他人好或布施，
還包括希望每一位眾生都能從痛苦中解脫的祈願。

你受的苦，我瞭解……

我們擁有各自不同的性格、文化、語言或歷史，不過，這些差異只
是意識表面的淺層。就更深一層來說，我們其實都一樣：都希望自
己被他人仁慈的對待，免於受苦。悲心的基礎正是明瞭別人和我們
一樣，都在追求安全與快樂，也懷抱相同的恐懼與憂傷。他們同樣
在逆境中受苦，因此需要我們協助。當我們真正明白了這一點，會
開始牽掛眾生的不幸，覺得有責任為自己、為我們所愛的人、還有
其他眾生，減輕所有的痛苦。

這個想要做些事情來饒益他人的願望，即是悲心的本質。在佛教
中，我們對一切眾生的關心也源自這個信念：無數世以來，每一位
眾生都曾經做過我們的母親，為了養育、保護我們，她們做出了很

大的犧牲。感念過去她們所做的一切，賦予我們強烈的感恩心與決心，要在這一世保護她們，報答她們。

培養悲心，不可思議的改變

在修心練習中培養的悲心具有立即、深遠而且正面的效益，能淨化的惡業遠超過我們所能想像。一開始，幫助一切眾生看起來像是一個不可能的目標，但是隨著悲心在我們心念中持續增長，它會逐漸影響我們的外在行為，帶給自己與他人廣大的利益。

以一個更寬廣的角度來承認痛苦，有利於減低我慢與我執。我們將不再敏感地急於捍衛自己的利益。如此一來，還可以少去一些恐懼與執著。與他人共享以及放下罣礙，也變得比較容易了。當我們的言行是出自慈悲，而非私利，會使自己更容易獲得他人正面的互動。人與人之間的關係將更加溫暖；我們也因為更寬容與體貼，而獲得他人敬重與依賴。

對某位身陷泥沼的人感到憐憫，對我們來說一點也不難；不過，要隨喜他人的歡喜與成就，可就不是那麼容易了。然而，如果真心想要利益眾生，對於他人的成功也應該視為一件好事，因為那代表我們肩上的擔子減輕了一些。別人的優勢並不會危及我們成功的機率，因為機會一直無所不在。有競爭的心並不完全是一件壞事，但是它會讓我們在設定目標與全力達成目標的過程中分心，形成阻礙。

逐步漸進，慢慢來！

有一個來聽佛陀說法的商人的故事，可以提供我們有關練習悲心的

參考。給孤獨長者(Anathapindika)非常富有，然而他發現要自己捨棄財產，是幾乎不可能的事。給孤獨長者每天都來聽佛陀說悲心的法，有一天，他請求能向佛陀提問。給孤獨長者說，來聽佛陀說法是一件非常愉悅的事，但是說到慷慨布施，對他來說幾乎是難以做到的事，因為他連送出一份最微薄的小禮，都覺得萬般痛苦。給孤獨長者請佛陀開示，自己應該怎麼對治這個難題。

佛陀給了給孤獨長者一個非常務實的解答。他建議這位富商從練習對自己慷慨開始——把一枚握在手裡的硬幣，放到自己的另一隻手上，然後再把硬幣從第二隻手，放回第一隻手，就這樣反覆進行，直到他習慣這種「給與」。

給孤獨長者照著佛陀說的方法去做，持續一段時間後，他發現自己吝於布施的問題慢慢不見了。最後，給孤獨長者成為佛陀學生中最樂善好施的一位，不只提供房子給遊民作住所，更開設醫院和食堂，提供病人以及身無分文的流浪者醫療與飲食。

心靈層次上的體會並不是口說：「我現在要發起悲心了！」然後跑到大街上，任由人們予取予求就能獲得的。真正的悲心必須以逐步、漸進的方式建立。從歡喜無悔地布施一碗食物之類的微細處做起，是一個好的開始。心懷慈悲與無私是產生慈悲能量的起點，讓我們能以實際的行動來直接對治痛苦。綜觀佛陀的教法，談的幾乎都是如何生起這種無私悲心——這裡指的不只是對他人好或布施，還有希望每一位眾生都能從痛苦中解脫的祈願。

《本生經》(The Jataka Tales)是一本結集了佛陀在成佛前的數世中，

持續以悲心度化眾生的故事。其中有一世，佛投生在一個非常恐怖又酷熱的地獄，和一位同伴一起被迫拉著一台沉重無比的台車走過滾燙的地面，殘暴的獄卒還會鞭打他們，督促他們前進。儘管兩人受著一樣的酷刑，而且奄奄一息，看見身旁同伴無止盡的受苦，佛陀為同伴求情，希望讓他免於這項酷刑差事。這是最深、最真誠的一種悲心。

第四章

修心訓練與緣起

〈修心七要〉
為金洲大師傳授給阿底峽尊者的修心法門，
今日已廣傳至世界各地，利益無數眾生。

從佛陀至今，這套修心訓練被完整、無間斷地傳承了下來。最初，修心訓練是偉大的印度智者阿底峽尊者(Atisha Dipamkara，西元982-1054年)在十一世紀時由印度引進西藏。與佛陀擁有相似的尊貴出身，阿底峽尊者出生於今日孟加拉的一個王室家庭，和世尊一樣，阿底峽尊者捨棄生而擁有的所有特權與享受，走上心靈修行之路。為了求法，尊者求教過上百位善知識。在一次前往佛陀證悟處——菩提迦耶(Bodh Gaya)的朝聖途中，阿底峽尊者獲得了一個啟發，引發他前往遙遠的蘇門達臘(Sumatra)，尋找金洲大師(Serlingpa)求法。

金洲大師口傳給阿底峽尊者

在佛教中，梵文的「法」(dharma)這個字，用於描述兩種修行上的

知識：第一種是以書寫的形式保存了數千年，成為歷代修行者研讀的文字或經典。第二種是上師對弟子直接口傳的當下實際經驗，通常不涉及語言文字。經過一段辛苦的跋涉後，阿底峽尊者終於見到金洲大師，並在大師座下以十二年的時間，接受修心口傳並實際修持，之後才回到了印度。

儘管在阿底峽尊者西藏弘法的人生最後十七年中，修心法門鮮為人知，這個法門仍然以口傳的方式，傳授給挑選過的弟子而流傳下來。直到噶當派(Kadampa)的格西朗日塘巴(Langri Thangpa Dorje Sengye)才將這套練習付諸文字，寫成了《修心八頌》。

偶然從他的一位上師的每日課誦文中讀到這些偈頌的恰喀瓦尊者(Chekawa Yeshe Dorje，西元1102-1176年)，對於其中兩行文字感到無比悸動：

> 直接與間接，利樂施眾生；
> 害損痛苦等，秘密願自取。

被這個不平凡的忠告所震懾的恰喀瓦，決定前往尋訪偈頌的原作者。然而格西朗日塘巴已經示寂，所以恰喀瓦尊者找到朗日塘巴尊者的弟子霞洛瓦(Sharawa)。霞洛瓦向恰喀瓦解釋，這段文字含攝了悲心的本質，而且，無人能不思維其義而獲得證悟。

恰喀瓦尊者將心要公諸於世

如同阿底峽尊者先前做過的，恰喀瓦隨後也展開了一段十二年的閉

關修心。其中一次閉關，恰喀瓦在附近有痲瘋病人村落的地方落腳。在當時的西藏，痲瘋病是不治之症，患者通常被孤立於社會之外，不過還是有一、兩位痲瘋病患發現恰喀瓦，跑來拜訪他。經過了一段時間的相處，這些訪客即使只是聽聞尊者談論這套修心練習，他們的病情就有明顯的改善。他們的病狀減輕了，身體也好了起來。村子中其他的痲瘋病患聽說後也來拜訪，他們當中的許多人，情況也獲得改善。

即使發現了這個意料之外的結果，恰喀瓦對於要不要將這個方法公諸於世，仍然猶豫不決。直到他發現跟他住在一起的壞脾氣哥哥，在偷聽他與痲瘋病人的對話後，個性日漸溫和而且變得越來越有耐性，恰喀瓦才深信自己應該將這個心法傳承下去，因此寫出了這個法門的第一個普傳法本〈修心七要〉。

修心效果值得終身學習

此法在西藏各地廣受歡迎，藏傳佛教的所有傳承也都修習這個心法。我自頂果欽哲仁波切(Dilgo Khyentse Rinpoche)處領受此法，並在修心法門傳承祈請文中，清楚地提及頂果欽哲仁波切所傳的這一修心法脈。

佛教的教法浩瀚無邊而且極為繁雜，使人無法在有限的時間中研習完所有的一切。然而這套修心法教，以濃縮的形式將佛法所有思想的精要含攝其中。說到其他傳統的禪修方法，就某種程度而言，我們的成就通常取決於個人自身的程度；不過，修心訓練的效果值得每一個人去學習，並且在任何情境中，都能對我們有所幫助。

問與答

擺脫並終結那自造的情緒！

問：痛苦有沒有可能是一種正面的經驗？比方說，身體的病痛可能
是在提醒你應該多注意自己的身體？我們能不能將痛苦視為一
個警訊？

答：如果我們保持正面的心態，任何事情，即使是痛苦這件事，都
可以具備正面的意義。是我們的反應決定了一件事情的好壞，
如果我們認為情況很嚴峻或有害，就會感到不開心，而有了痛
苦的感受。相反的，如果心平氣和、耐心地接受這個經驗，感
覺就不會那麼的痛苦。整個修心的教授，正是教導我們如何以
較少的瞋恨心來處理人生中最感壓力與困難的情況，我們因此
能夠少受一些苦。

問：您提到瞋恨正是導致我們受苦的原因。我們努力要讓自己快
樂，可是快樂本身也是個幻象，請問仁波切：痛苦與快樂這兩
種幻象有什麼不同？

答：我們開始禪修，為的是想要尋找一些方法來對治自己的妄念，
不純然只是為了想面對那些有關快樂或痛苦的情緒感受。修心
訓練協助我們面對並調伏自己的每一個妄念、以及所有對自身
本性與實相的誤解。幻相與錯覺之間並無差別，本身也沒有好
壞，即使有些幻象比其他同類來得更讓人感覺愉快，對我們來
說，它們都是一種遮障，而非實相。痛苦的幻象是我們自己想

的，既然是自己製造出來的，自己也該能擺脫它才對。

小心我執，冒出來做怪

問：人類難道不該為了生存而有欲望、想要擁有一些東西嗎？

答：我們可能因為制約而相信欲望與渴望都是人性的本能反應，但是我們的想法有可能是完全錯誤的。有些人似乎認為憤怒是能量的一個來源，或者是求生的興奮劑，不過這些也不盡然是事實。從相對觀點來說，生存是從我執衍生出來的概念，當我執的需求成為生活大小事的重點時，活著會變成一件非常不開心而緊張的事。我執的喜好與厭惡，從來不曾對我們的生存造成任何幫助。如果生活中沒有它們，我想我們是可以過得很好的；少了情緒波動，我們的行為將更加理性。

我們行為的背後，具備沉著與邏輯性的目的，可以把事情做好。反而是被負面情緒掌控時，每一件事情都變得亂無章法、急就行事。我們只想馬上解決問題，沒有足夠的時間評估整件事，這是一個危機，因為我執正無所不用其極地想要扳回劣勢。我們經常惱怒的情緒，此時也變本加厲，就像發癢的紅疹，自己覺得癢到受不了，不抓一下不行般的忍不住，但如果根本沒有那片紅疹，我們也就不需要抓癢了。

問：摒棄了二元分別、漠視是與非之間的差異，這樣不會讓我們變得完全消極，或是不再關心眾人之事嗎？

答：我並不是建議大家不去理會世間發生的種種苦難。生命品質的好、壞是非常實際的。可怕的事情持續在發生著，而我們週遭的不公不義，也都是不對的事情。我們可以試著防止這些傷害發生，但是不應該被它們激怒——這麼做只會讓我們助人的能力受到限制。透過修心訓練，我們可以從對於事情的相對性與緣起的瞭解，來學習如何面對事情的「對」與「錯」。

「好」、「壞」的概念，部分來自我們的個人意見與判斷，這些都是相對的，因為它們取決於我們所熟悉的內容。前一些時候，我遇見了一群從西藏家鄉來的訪客，我問他們最近家鄉的生活如何時，他們告訴我：「太棒了！現在我們可以自由造訪隔壁鄉鎮與寺院，不再需要感到恐懼。」比起文化大革命時期，他們現在的生活好很多了。但對你們來說，西藏的生活可能仍然是艱苦的，因為當地情況比你們習慣的環境惡劣很多。想要在那裡自在生活，對你們應該是個挑戰，因為每一件事都是如此不同。

問：捍衛自己的原則，這件事有任何錯嗎？

答：要看你怎麼捍衛，還有你的做法對別人造成什麼樣的影響。有原則這件事並沒有錯，原則是我們文化與信仰的一部分。但是為它們而戰，有時候是不智的，尤其是你的堅持導致別人承受極大的痛苦或苦難時。我注意到，通常我們為了某個原則開戰時，原則本身已經不存在。

一切無法忍受的，都不會永遠……

問：人們討論著孩子的純真，可是我懷疑這是不是一個迷思？孩子是天真無邪的，對於一切保持開放的態度沒錯，但是看起來他們也為壓抑、挫折與焦慮所苦。我曾經讀到一本佛書，上面說我們受苦的潛力是與生俱來的，請問真的是這樣嗎？

答：我們的這些複雜念頭，來自童年時經歷的環境。我想西方心理學家應該會同意，一個人受到的制約會讓他變得非常不快樂、缺乏安全感。人們的成長經歷可能帶給他們一個不切實際的生命觀，或者是使他們在面對困難時，心理毫無準備。小孩子的天性比大人純真，我們也還沒有機會用大人面對現實的那種複雜概念來混淆他們，然而他們具備著和大人一樣的基本焦慮。一個新生兒的個性，似乎已經如岩石般堅硬，你可以在一個嬰兒身上，清楚看見他長大後的模樣。

童年時總是較為單純而天真無邪的，因為孩子還不會以智性去區別、評論週遭的事物，不過，這並不表示孩子像一片空白的石板。如果你接受輪迴的概念，就必須明白，童年也是生死輪迴的一個階段，所以，不可避免的涉及過去世以來陷於貪著與憎惡的心。這就是為什麼小孩子生來也會受苦的原因。

問：瞋恨有時候好像是無法避免的。有些情況就是讓人無法忍受，無法以不執著的心來克服。比如某個持續的噪音，不但讓人覺得痛苦，而且會影響神經系統。我們該如何包容諸如此類的事情？

答：我們可以適應各種情境的。想要降低噪音這件事沒有錯，我們或許可以關掉自己的聽覺，不去理會，但重點是別讓自己專注在這個干擾上，或是在對抗的過程中增長了自己心裡的瞋恨感，這樣只會讓事情變得讓人更無法忍受。在一次的印度旅行中，我耽誤了行程，被迫在加爾各答火車站裡過夜。整個晚上，有數百個人在車站裡穿梭，而我對他們帶來的噪音與髒亂無能為力。後來，我試著調整自己，知道這些都不會是永遠的。雖然人們從我身上跨過去，但我一夜好眠。

有關這個問題，西元八世紀的佛教學者寂天論師(Shantideva)曾經提供我們一個很好的建議：「如果你能改變情勢，就沒必要不開心；如果你無法扭轉大局，那麼不開心，也無濟於事。」[1]

問：您提到應該發心救度眾生脫離苦海，如果心裡還無法完全做到，但是嘗試著這麼去做，這樣算是發真正的悲心，還是做作的悲心呢？

答：即使還沒有機會感受何謂真正的悲心，你可以從相信仁慈的價值開始，慢慢建立這種正面的感覺。希望他人快樂的想法，絕對不會是做作的，不過想要真的幫上忙，倒不一定那麼容易。有許多的因素牽涉其中。我們有可能成功，也有可能不成功。有可能當下看不到成果，不過行善的果，遲早會顯現。要成就一件事，我們並不是唯一的變數，所以事情不會只因為我們而

---

1 中譯註：《入菩薩行論》第六安忍品：「若事尚可為，云何不歡喜，若已不濟事，憂惱有何益？」如石法師譯。

成功或失敗。有一句諺語，值得我們謹記在心：「盡力而為，
做最壞打算，心無所求。」

第三部

——

主旋律：開始訓練你的心

前行思維

時常思維：人身難得、觀死無常、因果業力、輪迴過患。

大部分傳統禪修法本的開頭，通常是作者對諸佛以及傳承師長加持的由衷祈請，祈求即將進行的修持能圓滿順利。除了祈求加持使我們的善行得以增長，也祈求我們的修持可以達到效果。在決定展開一項新的學習後，我們仰賴佛陀證悟的力量來引導我們。解脫自己的心，以及為他人消除痛苦，是激發我們進行修持的動機。只要心中能維繫這個想法，我們終究會成功，只是時間早晚的問題。

首先，由前行做起

如果基礎不對，我們的成就與修行將難以正確和深入。接下來談到的幾個前行要點，能提供我們一個安穩並且正確的修行基礎。我們所面對的幻相與謬誤是非常頑強而且狡猾的，它們難以被察覺，讓

人很難停下來思考、並對它們質疑。這是為什麼一開始就建立正確態度是很重要的原因。

思索「轉心四思維」的真諦

我們可以從「轉心四思維」入門。這四個觀點並非教條，也不是神諭，它是我們能夠去思索，調整、釐清自己如何看待這個世界的真諦。這四個思維有助我們明白自身所處的環境，也提醒我們修行的急迫性。瞭解這四個思維，是我們精煉與指引菩提心的第一步。它們也是心靈尋求解脫的基礎工程。

思維一：人身難得

說起「轉心四思維」，傳統上，多數人第一個想到的總是人身難得，這也是我們要做的第一個思維。無論處境多艱難、身體存在的缺陷有多嚴重，感恩我們有這個人身是非常重要的事。即使無家可歸、身無分文、大字不識一個，光是這輩子身而為人這件事，已經是一個很大的福報。

人身珍貴，不表示人要比其他生命來得更有價值，而是相較於眾生，人類具有更大的潛力與責任。人類可以摧毀這個世界，其他動物或植物可沒有這樣的能力。我們的行為可能非常正面，也有可能極度負面，可能利益成千上萬的其他眾生，也可能恰恰相反地傷害他們。這是為什麼我們應該要瞭解此生的重要性，並且小心善用它的道理。

只有依此人身，才能成佛解脫

維持一般的基本生存並不需要什麼天分，連一隻蟲子都可以做到這件事。人類的心識帶給我們的是非比尋常的潛力：我們可以察覺自己的想法、檢視與反省生命裡的不足、有選擇的自由而且可以自己做決定。我們還能明白好與壞之間的差別；最後，我們的環境沒有那麼嚴峻或動蕩不安，讓我們無法遵循一條心靈之路。只有人類能完全體認生、老、病、死之苦，這也是佛陀解脫之道的第一步。藉由修心，我們可以善用此生並開展出相同覺悟的力量。

光是活著就已經太好了！倘若讓自己崩潰、或是自我毀滅、忘記自己所有的優勢，實在很可惜。我認識的一位女性曾在日本遭逢意外，失足跌進冰層的裂縫裡，幾乎喪生。在獲救的一剎那，她說自己的一切擔心都消失了。因為撿回一條命而知足，從此，她對生命再也沒有抱怨。如果我們能以這樣的態度生活，譏誚與憂鬱就會一掃而空。

思維二：觀死無常

就佛教的觀點，「恆常」的事物必須是獨立存在、不依附其他因緣而生、並且永遠不變。然而在現實生活中，是不可能找到這樣一件事物的。萬事萬物均依緣而生，是有條件，而且不斷變化的存在於世間。看看我們生活四周，很明顯地沒有例外，身旁沒有任何一樣東西是一直像現在這樣的。我們其實知道萬物無常，只是很難時時刻刻接受這個事實。

生命非常脆弱。我們視為理所當然的體力與心力隨著時光流逝而減損。這個血肉之軀，可以在瞬間灰飛煙滅，死亡必然發生，只是我們不知道何時輪到自己。不可預期的死亡，讓我們覺得永恆，並對時間產生一股虛假的安全感，表現的像是生命會永遠持續下去。感覺一切都將永恆不變的假象，讓我們的心變得消極而且遲鈍，在平日生活中心神不定，也欠缺耐心。

週遭事物恆常不變的人生，讓人無法忍受，身為人類的我們，發現自己很難容忍一成不變、凡事都在意料之中的生活。看起來沒完沒了的，即使是小事，都會讓我們坐立難安。我認識一對相處融洽、同居長達十年的情侶，在走入婚姻後不到一年分道揚鑣。察覺了在這輩子接下來的時間裡，兩人將如此束縛彼此的人生後，他們很快地抗拒著這段關係。

心繫無常，讓我們彼此更體貼

能夠認知無常，我們與他人爭吵的理由將不再存在，因為那是我們認為「與他人之間的關係，都會一直是現在這樣」才會做的事。體認到自己和家人，伴侶以及朋友之間，相處的時間有可能短於我們所想像，自然而然會對彼此更加體貼。對無常的認知，能賦予我們超乎尋常的內在力量及恢復力。我自己深刻感受過這一點。

當年，我與幾千位的難民同胞並肩而行，離開西藏前往印度。流亡中的我們失去了家園、財產、家人與朋友，一無所有；然而，路途上曾與我們相遇的外人，都對這群「流亡者」留下了深刻印象，因為我們的士氣，讓他們跌破眼鏡。我們到了一個與西藏完全不同的

國家，無論是語言、食物與天氣都是如此。天氣非常熱，擁擠的帳篷裡人聲鼎沸，外面則充滿了蚊子與水蛭，許多人都發燒或生病了，那景象說真的有點像地獄。

人們預期在這種環境下我們應該痛苦不堪，不過我們的精神可抖擻。熱到睡不着，或者被蚊蟲叮咬而無法入睡的夜晚，我們聚在一起有說有笑，還唱歌。儘管前途未卜，我們隨遇而安。我想，是因為接觸佛法，讓我們得以如此坦然。儘管失去了國家，我們無比珍惜自己仍然活著。我們認為自己受的這種苦並非獨一無二，相信過去有許多人也經歷過類似的苦難。在容納了超過十萬人的難民營，死亡、疾病與困境比比皆是，但是情緒崩潰或精神上的問題，幾乎很少聽說。

心繫無常，有助於我們減輕焦慮和恐懼。造成我們困惱的那些因素都是暫時的，不會持久；即使身處絕望的深淵，也知道事情終究會有起色。因為知道喜樂稍縱即逝，所以更加容易感到歡喜，並且自得其樂。

善用每一個當下，修持吧！

無常不是要我們隨波逐流，也不是屈就現實；相反的，是體察生命短暫而不再痴心妄想和昏沉過日子。我們無法令任何事物停滯，因為變化正是生命的基礎，所以，沒有時間再浪費生命了。

許多混亂來自於我們想要保留過去，然而，時光不再，就讓它過去吧！至於下一刻會發生什麼事？我們無法得知。正是藉著思維萬物

無常的道理，我們可以發現自心本質的基本真理。

我想說一個關於一位喀什米爾智者的故事。智者在臨終前囑咐他的兒子兩件事：第一，每天娶一位新的老婆；第二，不要在太陽底下進出店裡。孝順的兒子承諾要做到敬愛的父親留給他的遺言，不過，對於如何做到，毫無頭緒。他找遍了各地，終於找到一位美麗的新娘子，答應做「一日新娘」與他成親。第二天早上，孝子感謝新婚妻子，並且請她離開，不過妻子不依，跟他說：「別傻了」。但是他堅持要遵守對父親的承諾，再去找一位新的妻子。

新娘子告訴堅持要做到父親遺囑的丈夫說：「你父親不是那麼愚笨的人，他不是真的要你每天找一個不同的妻子。他的意思是，希望你能如同每天都是新婚般地愛你的妻子。」

兒子想了想妻子的話，覺得有道理，於是再問她對於父親第二個囑咐的看法。妻子再回答：「這很清楚，你應該在太陽升起之前上工，日落之後才打烊。父親希望你善用每一分鐘，別浪費任何時間，勤奮工作。」這位孝子遵照了父親的囑咐，還過著非常幸福的生活。

思維三：輪迴過患

輪迴並不是一個地方或是情境，它是受制於困惑與無明的一種痛苦的心靈狀態。無明是很微細的，並不是像缺乏明性那樣的缺乏見識。我們不知道自己是誰，也不知道自己在做什麼，就這樣在輪迴中徘徊，不斷流轉。

我們的本性是絕對的純淨而光明。然而，來自於感官與我執的各種衝突、念頭遮蔽了自心，使我們失去這純淨的觀察力。在不斷重複的喜與悲、期待與挫折、想要與失去過程中，我們的覺知變得駕鈍。輪迴的矛盾與幻相，事實上是不存在的，它們完全是心構造出來的迷思。

輪迴其實是心製造出來的。是心以它以偏概全、欺瞞的方式來解讀我們肉身的經歷。我們的眼睛能看到色相，藉由視覺對所看到的色相做出反應；然而閉上眼睛，我們就只能看見心裡的意象，而不是原本的色相。我們從未能複製出與感官所見完全相同的對境，因為心是在過去的聯想與記憶的影響下，記錄我們想像中的對境。這些主觀的心理模式，塑造出我們對現實的整體認知。

面對外在世界，每個人都有一個自己特有的藍圖，對於不符合這個藍圖的想法，我們直接跳過或是忽略它。面對新的觀念，我們會先試著適應它，或者減低它對自己的影響性，如果它仍然無法符合我們的期待，就會被棄置、忽略。

我在離開西藏、抵達印度後，對此有過一次生動的體驗。

有人告訴我有一種叫做「火車」的交通工具，是我前所未聞的，因為當時西藏還沒有這種東西。人們告訴我火車是以金屬打造，行駛於兩條鐵軌上，而且搭乘火車的時候，我們可以在上面優雅的喝茶，茶水一點也不會濺出來。於是我開始發揮想像力，想像一顆滾在鐵路上的大球，還有坐在車內的那個我，正跟著球一起滾動。不過這麼想的話，我怎麼都想不透，如何在那個球裡面喝茶而不會溢

出茶水來，因為我內心所想像的，只能讓我對火車產生非常片面的瞭解。藉由修心，我們可以面對輪迴的幻相，並從中解脫出來。生而為人，我們的生命中可能有許多的不開心，但我們有可能為自己找到出口，脫離輪迴的痛苦。

思維四：因果業力

如同每顆種子結成花，每個行為都有其果，這就是因果業力的法則。

業是我們從無數前世到今生，從這輩子出生到昨天，今天，此時此刻所做的一切。業可能是加分，也可能是減分，比如當我們被瞋念、傲慢、妒忌及貪婪所驅使，做出惡行時，就會帶來負面的結果。

對過去善行的記憶，或者是期待未來要做得更好的計劃，對現在來說，兩者都沒有太大的意義，真正有用的是我們當下每個念頭的影響。當下的境遇是過去行為的結果，如果出現的是違逆的情境，那是緣於過去所做的惡業所導致的果。未來由自己當下的行為所創造，因此，才讓我們有機會走向解脫。

藉由承認、懺悔自己造作的惡行，我們得以改變業力。改善言行與其結果的最好辦法，是淨化我們思考的方式。當心態更健全，我們身、語上的行為也會提升。如此一來，總有可能轉惡心為善習。不過，想要轉變自己的業的這件事必須善巧，不能過於急進，因為這顆心非常敏感、微細，無法承受太多的壓力。

人們有時會覺得佛教的哲學沉悶、嚴肅，其實不然。佛法鼓勵人們要以無比正面的方式生活。如果依照上述四個思維，我們對於自己生而為人身的存在必然感到可貴，體認到諸事萬物都不是恆常存在的，而痛苦是自己造作惡業後不可避免的果報，以上種種，正是通達內心平靜的洞見。

| 第二項訓練 |

悲智雙修

帝洛巴說：「那些真正囚禁我們與使我們受苦的，
不是事物本身，而是我們對事物的貪著。」

在梵文中，菩提(bodhi)的意思是覺悟，契達(citta)則是心。儘管有不同的層次與面向，菩提心基本指的是我們透過訓練自己的心，培養無盡悲心與智慧的體驗。

修心有兩個主要目標：一個是為了生起對眾生的悲心，或者是世俗菩提心，將自己由自大的禁錮中解脫出來。擱置私人利益，我們為了利益一切眾生、減輕他們的痛苦而貢獻自己所有的長處、天分與精力。修心的第二個目標，是證悟勝義菩提心的清明、覺性與智慧。

因為了悟，不再有分別與迷惑

如同鳥具有雙翼而得以飛翔，具備智慧與悲心，是我們的心「翱

翔」不可或缺的兩大要素；所以，它們是修心訓練的重點。雖然兩者的特質不同，我們習慣將兩者區別、分開討論，其實它們相互關聯，而且彼此含攝。當我們的悲心隨著修心的過程不斷增長，因此能夠更加洞悉自心本質。當我們更加看清自己的本來面目、看清世間萬物的真相，我們將會更加慈悲待人。

世俗菩提心是以我們本有、與他人互動時具備而運用的慈愛與同情心為基礎，不需要在想法上產生激烈的轉變；但是建立勝義菩提心，就不是那麼容易的事了。它更加嚴謹，因為牽涉到觀點的深度轉變。勝義菩提心是一種了悟；當完全了悟時，我們就證悟了。這顆心能重拾自性中的純淨，我們看待事情的眼光也將改變，從此，我們看事情，看見的是它們的本來面目，不再摻雜自身的迷惑與分別心。

所謂對無上智慧的體驗，指的並不是到達某些神秘、無法想像的領域，也不是一個更高境界的存在。它只是純粹的沒有妄念。我們身處的物質環境，不會因此有所改變或任何不同，實質上改變、不同的，只有我們的心。

勝義菩提心

為了幫助我們瞭解世間萬物的實相以及具備更加清明的心，修心訓練的第二要首先討論了勝義菩提心的智慧。以下的口訣，將為我們日後培養世俗菩提心以及修持修心訓練中最重要的部分——自他交換法，預做準備：

視一切現象如幻夢，

思諸法如夢

我們都曾經做過感覺極為真實的夢。在夢境中，環繞在我們身旁的事物顯得實際、清楚而且栩栩如生。然而當我們醒來，張開眼睛，夢裡的一切瞬間消失，剛才的夢境，在現實世界中了無痕跡，僅留下心裡的印象，存在我們的心中。上面這句口訣示意我們修心的最終目標，是認清自己遇見的所有對境，以及我們產生的反應，其實都如夢一般，片刻而且不真實。

看似真實，其實如夢般虛幻

每一件我們用「心」去覺知的事物，其實如夢一般虛幻。我們正感受、接觸的這個世界就在「那兒」，然而事實上，它也並「不在那兒」。

我們認知的現實，是由心所建構。我說我看著一棵樹，是我的眼睛看到一棵樹嗎？不是的。我的眼睛看見的是葉子，是樹枝，還有樹幹，是心稱它們為一棵樹。樹是一個字彙，是一個概念。我們的「心」根據他人給我們的零碎資訊，創造了我們宣稱的某個國籍或名字。

身體上來說，我們對哪些樂在其中或是不喜歡，全取決於心。某個味道聞起來很不錯，那是我們的心在喜歡這個味道，對鼻子來說，其實一點意義也沒有。

欲望與痛苦給人的感受總是那麼綿密而強烈，由於我們的執著，使它們看似真實；一旦我們認出它們也如夢一般，自然就不再受影響。

藉由為事物命名與賦予它們特質，我們試著讓這個世界看起來堅實而且具有連貫性。不過，當我們近距離來看，會發現世間的所有現象，其實是由複雜且相對的元素所組成的。萬物生起、消逝、然後再生，但它們不具基本或堅實的本質。如果對每項元素逐步分析，我們將不可避免地發現萬物的存在找不到任何絕對的基礎。我們無法在它們身上找到任何堅實的本質或本體。所有物質都可以被分解再分解，不斷地分解，直到物件本身消失為止。

每一件事物的存在需要具備所有因緣、並且同時運作，一旦缺乏其一，原來的條件不再存在，它也就消失了。比方說彩虹出現，需要具足太陽、水、以及觀察者等這些因緣，生成彩虹的這些因緣之間彼此相關，而且互相依附。如果太陽不見了，或是霧氣蒸發了，彩虹就消失了。所以，彩虹從未獨立於上述的相關條件而以自力出現在天空。彩虹其實譬喻著我們各種的感官經驗。基本上，在我們的生活週遭、人際關係或者心裡，並沒有任何恆久或是真實存在的事物。所有的一切，都是空的。

關於「空」的概念是如此震撼，動搖了我們習以為常的思維方式，也直接斬斷我們的貪愛與怨憎。如果萬物的本質是空，世間有什麼值得佔有、或是焦慮的理由呢？況且，也沒有什麼可選擇、執著、或是感到害怕與憎恨了。

審視心的無生自性。

觀心性無生

瞭解外在現象如同夢一般不真實而且短暫，有助我們探索自己這顆心的內在本性。心究竟為何物？如何形成，以及它的基本特質為何？我們能直接感受它嗎？心是一個物體嗎？我們看不見它，但是能感受它的覺性與心識。

心為何物？心識是什麼？

可是心識又是什麼呢？心識來自我們的感官，經由觸摸、品嚐與觀看等途徑所激發。那麼心識又是如何起作用的？我們有沒有可能不經由眼睛看，不藉由耳朵聽呢？在夢境與想像的世界中，我們知道可以這麼做。這些，都是我們一直想要解開的謎團。

我們認為自己從出生、童年、直到老年的漫長過程中，心一直沒有變。其實，事實並非如此。

口訣中的「無生」字眼，挑戰了我們長久以來把心看成是具體而且恆常的傾向。其實，心的本質超越了生與死的條件；它無所來，也無所去，我們找不到它的起源，也看不見它的盡頭。除了覺知川流不息的念頭之外，並沒有一顆「心」的存在；可是，那大量而且速度飛快的念頭誤導了我們，認為自己有一顆固定、持續而且獨立存在的心。心是瞬息萬變的，我們總在短暫、自然的情況下與它交手，然而僅止於當下的那一瞬間，心便隨即消逝，只留下回憶。

安住在當下

我們是有可能在與心交會的瞬間，察覺到心性的某一部分，可是從來看不到它的全貌。就像一位旅人，對於一個初次造訪的陌生城市，在短暫停留中所能獲得的瞭解，將非常有限。

在禪修的狀態中，當心相當平靜時，我們得以瞥見自心無生、純淨以及證悟的特質。這是一個難以言喻的瞬間體驗，不過要記得，就把它放在那裡吧，安住在當下——這個介於過去與未來，超越時間的片刻裡。

　　跳脫你的禪修經驗，釋放自己才是解藥。

對治亦自解

這口訣試著提醒我們別對禪修的美好經驗產生貪著。在禪修時，我們也許有機會瞥見心的空性，這時候保持平常心很重要。一次的瞥見，並不表示我們已經獲得一個絕對、究竟的證悟。

在這個階段，我們的禪修只是相對的、在某些條件下發生的。我們必須從這裡持續再精進，並且自問：「是誰在禪修？尋找禪修中的心的是誰？又有什麼被找著了？」在禪修中，在超越這顆無常且無實的心之外，如果我們無法找到任何獨立、分開的尋心者或是真理的話，那麼，我們在禪修中所找著的，也就是幻象。

我們不該從自身的禪修中找出任何結論，因為禪修者與禪修兩者的

本質皆空，都不是真實存在的。空性中無物，也無智。我們哪能在其中找到什麼呢？如果以這樣的方式來理解禪修的體驗，我們就不會再拚命尋找解答，從而安住在一個無所尋求的狀態。

安住在阿賴耶本性中。

道體住賴耶

我們的日常覺知源自七種心識：五種感官識、意識、以及產生「我」念的末那識。日常心識之下，還有阿賴耶識，它是心的全部基礎。阿賴耶本性是生命最純淨、簡單的狀態，也是人類覺性中最細微的層次。當我們證悟時，它被認為是我們的「明光」或「佛性」直接、不受干擾或扭曲的展現。

阿賴耶本性[2]就是最直接的當下。我們不習慣停留在「當下」，不過說真的，也沒有別的地方可去。過去的已經過去了，而未來尚未發生。所以很簡單，此時此刻就只有「當下」存在著。「當下」是不受任何駕馭的，想留住它，這「當下」便成為過去；希望它持續，「當下」又被送往未來。

所以禪宗有這麼一句話：「吃的時候好好吃，睡的時候好好睡。（飢來則食睏則眠）」活在當下，能為生命創造出空間與自由。由於我們經常活在過去或未來，因此勝義菩提心的禪修練習，目的是讓我們的心能安住在當下。

---

2 中譯註：根據仁波切進一步詮釋，阿賴耶在這裡指的是最細微、直接，不受意識概念侷限的覺知。因此本文翻譯為中性、沒有任何偏見的阿賴耶本性，而非含有區別意識的阿賴耶識。

阿賴耶本性的清明，經常被遮蔽或隱藏了起來。尤其在生氣或感到心煩意亂的時候，我們完全感覺不到它的存在。在清醒時的思維中，阿賴耶本性往往被遮蔽、掩蓋；然而熟睡時，因為所有感官暫停運作，我們的知覺會短暫地融入阿賴耶本性。在睡眠持續的狀態中，當感官意識重新以夢境的形式出現時，我們便離開了此種清明狀態，而阿賴耶本性，也再度被淹沒。

觀照呼吸，心念不被牽著走

所有的禪修法門都有一個相同的目標：就是讓我們安住在當下，並且認知「心」的本性。禪修不是要令自己停止生起念頭，而是練習如何不被心念牽著鼻子走。越早讓自己擺脫被習氣所牽絆，對我們來說是越好的。觀照自己的呼吸，則是其中一個最可靠的方法。

通常，我們不太注意自己怎麼呼吸，但是在這個練習裡，我們看著自己的呼吸，隨著吸氣、吐氣，去觀察氣在我們體內的進出。我們保持平靜，不試圖去達成什麼目標，只是利用呼吸讓自己的心安定下來。我們不需要指揮自己的感官或念頭該怎麼想、怎麼做。如果這時有某件事打斷我們、讓我們分心了，請放下它，適度地保持察覺自己的呼吸，觀察它，但不要過度地涉入其中。

禪修就像去度假，我們被允許丟掉那些該計畫的、該擔憂的事情，讓自己無事一身輕。現在是放鬆、放慢腳步的時候。過度用力的練習，會把自己搞得神經緊繃，收不到多大效果。但如果讓自己的心完全鬆弛也不好，因為結果一樣行不通。

「七支坐法」的要點

如果無法保持警覺,我們要不是昏沉睡去,就是注意力散漫而不自知。所以要試著找一個平衡點,讓自己不太鬆、也不過緊。關於這一點,佛陀提供了我們一個關於禪修姿勢的七個要點——「七支坐法」的精確指導。採取「七支坐法」可以幫助我們調整、穩定自身,讓身心容易協調、安定。

身體姿勢對禪修來說是重要的,不過,盤腿並不是絕對必須的姿勢。我們要做的,是讓自己坐得舒服。

身體就像是我們的外在環境,反應著這顆心的狀況。透過「閱讀」他人臉上的表情,我們明白自己嘴巴與眼睛的神態對外透露了多少訊息。嘴巴尤其會洩密:咬緊牙關或是緊閉雙唇,傳達的是我們過度努力,或者是正對某事隱忍壓抑。

當我們放鬆了臉部與頸部的肌肉,心也變得安靜且開放。不被過去或未來所牽絆,禪修可以逐漸引導我們的心進入「當下」——牢牢地定在體內。從廿一次呼吸開始禪修,是個好主意。吸氣之後屏息,讓氣短暫停留幾秒再吐出,這個步驟能幫助我們把心平靜下來,回歸到身體。

不鬆不緊,恰到好處

雙手置膝,拇指相觸,這麼做能讓肩膀平衡,避免我們的身體往一邊傾斜。保持這個姿勢禪修是重要的,因為歪斜的身體與脊椎會讓

某些負面情緒在禪修時更加強烈。

擴胸，深呼吸。頸部稍微前傾，收下巴。這時的牙齒與下顎放輕鬆。舌頭頂住上顎，嘴巴也是放鬆的；眼睛則專注看著某一個焦點。在西藏的傳統，我們在禪修開始時微張雙眼，首先往下方看，經過一段時間，暫時閉起眼睛或者凝視遠方也許會有幫助，避免自己過於沉迷。

這個身體姿勢能為我們的禪修提供紮實的支撐，有一種柔軟度，以及平靜的感受，做起禪修來，一點也不花力氣。我們想像自己像一束被切斷鬆開的乾草，輕鬆地安住。以下這段文字，描述了一種簡易的禪修方法：

放鬆，別陷入過去，

別循著過往的想法，

別收集未來的念頭，

安住在當下，讓你的感官保持開放，

讓所有的念頭自在來去，

而你保持在阿賴耶中。

我們每天的心思往往是極端的，不是被滿腦子的主意沖昏頭，就是覺得生活枯燥乏味。禪修時，如果能把心安住在阿賴耶本性中，情緒與感受的騷動將會減少，我們的心不容易被外界動搖，但依然對各方訊息保持警覺與機敏。

下座後，修持勝義菩提心

佛教的禪修包含兩個階段：禪修過程本身，以及下座後將禪修體驗應用於日常生活中。到這裡為止，口訣都是關於禪修的指導與建議。下座後的修持重點，是將我們禪修時的體會，如何落實並運用在平日與外界的互動之中。

> 下座後，萬物在你眼中為幻象。

> **坐間修幻化**

對阿賴耶識的覺知將影響我們的日常生活。知道世間一切萬物皆是無常，也不真實，我們不再輕易被吸引我們的事物所迷惑，也不再對事情激情執著，能夠放鬆自己，心平氣和地面對自己的處境。1959年以後，將藏傳佛教傳播到西方世界的偉大上師之一的丘揚創巴仁波切(Chögyam Trungpa Rinpoche)曾將此種觀點比喻為「虛幻之子」。將每一件事物看作為幻象般的不真實存在，能讓我們悠遊自在的生活。藉由這個口訣，我們重新找回了兒時的純真。

世俗菩提心

上述有關勝義層次的口訣，對我們生起世俗菩提心的練習是有幫助的。它讓我們不容易動搖，或是喪失衝勁並找藉口放棄。在面對我執——這個最令人害怕的敵人時，這些口訣也能增長我們的勇氣。

貪愛與憎恨通常交互出現於同一個情緒序列中。追求的某個欲望受挫時，我們心中覺得憎恨討厭。預期自己可能會遭受到損失或挫

敗、打擊，我們尋求以貪執一切等方式來慰藉、保護自己；因此，我們的瞋恨創造了這個補償性的貪心與愛欲。施受法(Tonglen)則提供我們一個獨特的方法，打破這個惡性循環。

自他交換法修持

施受法(Tonglen)或者稱「自他交換法」，是修心訓練的核心，藏文的意思是「施與受」。這個簡單而且不費時的交換，是我們解脫痛苦與生起悲心不可缺的要素。

自他交換法的修持，會直接觸發我們的恐懼與欲望，所以它是一個特別直接而且有效對治瞋恨的方法。我們必須刻意讓自己去面對那些不喜歡及害怕的事物，這需要勇氣。想像自己承擔那些我們曾經抗拒和嘗試逃避的困難與痛苦；至於我們渴望擁有的財富、力量與健康，現在要送給他人。

「自他交換法」明顯與我們習慣的行為模式背道而馳，必然會跟我執產生衝突。接受、忍耐那些負面事物，勇敢地讓它們發生在自己的身上，結果是減低它們造成的傷害，以及我們因此將產生的憤怒與恨意。所以面對逆境，不再是那麼可怕的事。

我們不製造痛苦，也不想自找苦吃，而是自然去承擔那些發生在我們週遭的苦難，在修持給與取的過程中轉化它們。如此一來，世上不會再有人被這些痛苦所傷害，而已經存在於世間的負面力量，也可望因此而減輕。

想想我們的家人與朋友、我們所愛的人——生者和亡者都包含在內、泛泛之交、陌生人甚至是仇敵，我們決心要努力消除他們的不幸與惡業。

療癒的力量

除非我們對自己的感覺也是正面的，否則是無法對外釋出如此正面的能量。對於拿自己好的來交換別人的壞東西，我們練習修持的越多，感覺會越好，我們就是療癒力與快樂的來源。我們的慷慨與關懷能平息每一個不利的處境。當我們釋放出慈愛，我們將更習慣於變得堅強與仁慈。如此一來，正面的感受將不斷補充，永不枯竭。

也許你已經聽過這個故事：有一個人死後到了天堂，遇見上帝。上帝問他想到哪去，他說想看看天堂和地獄各自的模樣，所以上帝讓他先到了地獄。在地獄中，他看到所有地獄的眾生圍著一張大桌而坐，每一位手中都有一雙超級長的筷子，而桌上擺滿了豐盛的食物。不過，眾生只能望菜興嘆，因為手中的筷子實在太長，他們雖然能夾到菜，但卻無法把菜送進自己的嘴巴，所以，儘管面對滿桌佳餚，每個人仍是飢腸轆轆，無可奈何。

接著到了天堂，所有天堂的眾生同樣是坐在一張大桌旁，桌上擺滿美食，而桌旁的人也擁有一雙同樣長的筷子。不過，和地獄眾生不同，他們享受著美食，愉快地用自己的長筷子，把菜夾入對面同伴的口中。很明顯地，天堂中的眾生，明白人與人之間如果無私合作，獲益的終究是自己。

「自他交換法」能降伏我們的恐懼。想到「自己在害怕」的這念頭，是恐懼情緒裡最嚇人的部分了。那是最大的恐懼。除了自己的心，沒有任何東西能將我們置於更大的危險之中。

當擔心中的某件事真的發生時，我們往往會發現，情況沒有自己預期的那麼糟。世上沒有任何東西可以保護我們不生起恐懼，即便認為自己獲得某種安全保護了，仍然懷疑它到底夠不夠力；這股不確定，最後還是會摧毀這個安全感。我們製造了恐懼，也有能力解除恐懼，因為恐懼是一個可以對治的習氣。

克服恐懼的好方法

克服恐懼的最好對治方法，就是積極地引發它。與其感到無助，不如讓我們正視自己最大的恐懼。如果你一直害怕失去某個心愛的東西，那就將它送出去。如果你有懼高症，最好的對治方式就是往高處爬。如果對於在眾人面前說話有障礙，那就站在一群聽眾的面前說話。這就是駕馭恐懼感最簡單的方法。

　　在「受」與「給」當中訓練自己，循著你的呼吸修持。

　　雜修二取捨，彼二乘風息。

我們與他人之間的交換，是以呼吸為基礎。吐氣時，我們送出自身的好運與財富給週遭的世界；再度吸氣時，我們吸收他們所有的苦難，承受生命中的每一分悲傷以及不舒服。

吸進惡業，呼出善業

將世間所有的惡業觀想成一陣砂塵或是一縷黑煙——就像是污染物，經由鼻子進入我們體內，停留在心間，它立即淨化並且吞噬了我們自身的恐懼、瞋恨與無明。像是曙光乍現，阿賴耶的本質此時如明光生起，由內而外淨化、療癒了我們，並除盡所有的負面特質。接著，吐氣，把心間湧出的正面能量、喜悅、智慧與純淨，像明光一樣地往一切眾生照射。受到這些光明照耀的眾生，因此感到愉悅而自在。

第一次修持自他交換法時，以某位疼愛我們的人作為對象，應該會好些。因為是親近的人，我們比較願意為他們承擔生命中的不幸與痛苦。將他們的悲痛收受進來，然後將我們平靜與樂於呵護他人的特質送出給他們，去除他們所有的傷痛。

進行修持時，保持平常的呼吸方式是重要的，我們並不需要在每一次的呼吸中，就做一次施受練習。

負面的事物是我們錯誤見解所造成的假象與症狀，所以，承受他人的不幸並不會傷害我們，也不會把自己置於某種危險當中。我們能夠療癒痛苦的因，我們承受痛苦的目的不在於受苦，而是為了創造出完全從這些苦難中解脫的自由。除了威脅到我執，自他交換法並不會對我們造成任何的危險。擔心自己會因為自他交換法而受傷害的焦慮，只會產生於我們的瞋恨因禪修而增強的情況下。我們瞋恨痛苦，是造成自己受苦最大的原因。當我們無畏地面對瞋恨這個情緒，以包容的方式看待它，這麼一來，它會反過來成為你的朋友，

一個得力的夥伴。

下座後，修習世俗菩提心

三對境、三毒、三善根。

三境毒善根

愛、恨和漠然是我們面對物質環境的三種典型反應，這三種習氣衍生出貪、瞋、癡，也就是所謂三種心毒。有些東西我們愛不釋手，另外一些恨得牙癢癢；再剩下的那些，則被我們忽略，毫不關心。投射到人際關係層面，我們緊緊抓著家人與心愛的人，對敵人仇恨與憤怒；對其他跟自己沒有利害關係的人，我們視而不見。

西藏有位學識豐富、聞名於世的巴楚仁波切(Patrul Rinpoche)過著居無定所、身無恆產、欲望淡泊的修行生活。所到之處，眾人都喜歡來到他跟前聞法。有一天另外一位喇嘛來拜訪巴楚仁波切，仁波切問起喇嘛禪修的情況，喇嘛回答：「禪修慈愛後，現在我再也不會有憤怒或瞋恨了。」聽完喇嘛的話，巴楚仁波切決定做個測試。

他轉身對侍者小聲地說：「這個人已經放下他的脾氣了，不過，他的手卻是不太乾淨呢。」在當時的西藏，後面那句話暗示的是這個人會偷東西。於是，「在這位喇嘛面前，得小心財不露白」之類的耳語在眾人之間傳開，最後終於傳回喇嘛耳裡。聽到這個不實的指控，喇嘛非常生氣，決心要找出放話的人。等他發現巴楚仁波切是這個謠言的起源，便怒氣沖沖地走進仁波切的帳棚，拍桌大罵，抗

議仁波切為何這樣誹謗他。巴楚仁波切聽了微微一笑，回答他：「我還以為你說自己再也不生氣了？」

瞋恨是三毒中最負面、不理性的情緒；讓人付出沉重的代價，也具有毀滅性。生起一次瞋恨的過患，比生起一百萬次貪著還嚴重。要控制自己的脾氣，並不容易，因為瞋恨像一把火，總在瞬間燃起，然後熄滅。然而正因如此，瞋恨比起貪著與愚癡也來得好對治。憤怒的初始感是自然且自發的，如果我們不去干涉它，它自己便會很快地燃盡。但我們所執著的憤怒，即便生氣的原因已經消失，卻會持續留在心裡，並且轉化成一股強烈的憎恨。這種情緒，對每個人都不是好事。

以慈愛、平等、悲心解三毒

瞋恨與慈悲可以源自同一個衝動——基本的不公平感。碰到某個讓我們覺得不公平、不應該發生的事情時，我們能夠選擇自己要怎麼反應——對犯錯的人生氣，或者運用我們的悲心，瞭解事情的來龍去脈，然後想想看我們能做些什麼。

貪著，或者說欲望，因為是人性的基本特徵，所以是人類最難對治的情緒。欲望說起來很複雜，因為總會引發其他的負面情緒，所以很棘手。它通常也是我們生起瞋恨、恐懼與焦慮的根源；儘管如此，對治貪的欲望並非不可能。雖然欲望與貪著製造了一堆障礙，它們偶爾還是具有正面價值的。有時候欲望能激勵我們去做好事。比如菩薩就是一位為自己，也為眾生發心求證悟的人，對於幫助眾生從痛苦中解脫、給予每個人自由與幸福這件事，有著強烈的執

這種高尚的動機，就是一種正面的欲望。

無明雖然沒有瞋恨與貪著來得具毀滅性，但這一毒不容易讓步，不是輕易就能夠對治的。由定義上來看，沒有察覺到它，所以不清楚自己有多愚痴。要對治無明，只能慢慢來，因為它真的太不起眼了。無明是缺乏明性與理解，這兩者剛好都不很明顯、不引人注目也不強勢。

對治三毒的解藥，是培養三善根：慈愛、平等心與悲心。為了眾生，當充塞著瞋恨或貪著的心生起時，我們以悲心來化解這些令人痛苦的情緒。要避免一己之見或偏倚，我們保持平等心，不受生活中好與壞的刺激。我們把自己擁有的愛與快樂施與他人，儘管相較於週遭無邊無際的苦難，我們給出去的看起來微不足道，然而每一個布施的行為，都有其重要和累積的效應。

依口訣修行，培養慈悲的態度。

為促憶念彼，諸威儀持頌。

以這些口訣作為提醒，有助於加深自己對修心訓練的理解。它們像是一個咒語，我們大聲念誦以強化自己正面的動機。重複這些口訣，有助於使修持滲入我們的習氣與防衛機制。在所有的行事中要憶念悲心與自他交換法的禪修，給出自己好的東西，用來交換他人的痛苦。這麼做，可以讓我們更加篤定、真心的修習自他交換法，並將每一個生活經驗都視為修心的機會，賦予人生一個真實的目的與方向。

從「自己與自己交換」練習起

從你自己開始修習「自他交換法」。

取次從自起

每個人的能力不同，所以這句口訣建議我們隨著自己的能力與情況開始做。如果對於為別人承擔痛苦這件事，連想像都覺得焦慮而猶豫，由於這樣的不安全感，最好的方式也許是以自己做為交換的對象開始做練習。觀想那些過去我們碰到的嚴峻、無益的影響，以及可能在未來等著我們的逆境，我們以悲憫與善意取而代之；我們也可以藉由施受來交換自己負面與正面的人格特質，以美德、寬恕與耐心取代那些讓人不敢恭維的性格。

佛教有一個比較傳統的作法，是觀想上師住在我們的心間，我們將自己所有負面的東西交給上師，而上師將散發著的智慧與悲心施與我們。由於上師與我們無二分別，對我們來說也許會比較容易。

我們吸收、淨化世間負面的東西，但是不必太刻意攀緣。當我們藉由吸氣而吸進這些負面事物時，心情是輕鬆愉悅的。想想自己能撫平這麼多痛苦，讓我們感覺很鼓舞。隨著我們傳送出來具有療癒力的歡樂，世間再無苦痛。這正是我們想要達到的。

問與答

問：我無法想像透過承受他人的負面東西來淨化自己。我一直認為某個負面的元素，只能以正面的東西將它抵消。所謂淨化，難道不是強烈感受我們內在所有的負面東西，然後把它們從我們的思緒中移除，再以好的東西取代嗎？

答：負面元素之間是可能相互抵消的。在同類療法(homeopathy)[3]領域，有些毒物被用於疾病治療，原理跟自他交換法是相似的。承受他人負面的東西，並不會讓我們感到不好、或不清淨；相反的，它能消融我們自身的負面特質。我們以痛苦的經驗，來提升自己的修行。

結果不盡理想時，並不表示我們的修持出問題，或是表示我們應該停止修持。就像你頭痛，有可能是禪修中的覺受，或著是自己前晚看了太多電視的後遺症。不管怎麼說，這頭痛可以想成是眾生無始以來承受的苦痛。我們以正面的態度把這些苦當成是一種修持，於是這些感受也會變得正面。要淨化這些負面的心態，不見得一定要經歷它們。大多數的禪修教本指出，我們所經歷到的痛苦越少越好。

我曾經聽過一個故事。有位男士在他住宿的佛學中心跌下樓梯，傷得很重，可是中心裡沒有人對他伸出援手。他們認為這是個人的業，如果插手幫忙，只會害他無法消除這個業。如果

---

3 中譯註：又稱順勢療法。

我們以為惡業是這樣運作的話，那是完全誤解了業的意義。沒有人能為他人承擔業果，不過，在能力所及的範圍內，伸出援手是我們永遠都應該做的事。

佛法從未建議我們攤開自己所有苦的念頭，強迫自己與它們搏鬥。受苦並不會減少或抹去我們的惡業，只是徒增挫折感與負面心態。淨化自己並不是處罰自己，相反的，淨化是一個循序漸進、幫助我們減少負面心態，增長心靈正面思考的過程。

擺脫情緒操控

問：在修持禪修以後，開始以不同的眼光看世界，對於痛苦也更有覺知。如果事情看上去比以前更糟、更令人畏懼，這樣要怎麼活得正面積極呢？

答：修心練習幫助我們看見事情的真相，自然更能覺知到世間有很多苦難。這讓我們對眾生產生悲心的感受，因此自己的苦也得以覺得減輕。

如果你碰到了問題，而你認為自己是世上唯一面臨這個難題的人，這種想法只會讓你覺得孤獨而且極度懊惱。一旦你明白許多人的問題比你的更艱難，心靈的負擔應該會減輕一些。另外一個保持正面心態的方法，是想盡辦法讓別人脫離不快樂。減輕他人苦難，能為我們帶來成就感，儘管世間充滿不幸，至少這一刻，我們會覺得好過些。

我們可以充滿理想與熱情，伸手援助其他國家中正在挨餓或貧

窮受苦的人；不過，在這之前，我們得先讓自己的人生步上正軌。如果心態可以更健康一點，體貼一點，樂觀一點的話，我們的人生將會更有價值，因為這樣的我們，可以減輕身旁許多人的負擔。心懷謙卑，我們或許能夠成就良多。以開放而真誠的心看待世間的問題，表示我們會少一點妄念，以更實際的態度回應問題。

問：我們要怎麼訓練自己不把世間萬物看成是實有而恆常的呢？一直以來，我們被教導這麼地去看待它們。這是我們最頑強的習氣之一。即使學法後在知性上理解一切是相對且性空，但是內心深處的基本態度還是難以改變。

答：空性是一種體驗，就像我們在睡眠中突然察覺自己在做夢，意識到自己的夢境。無論時間長短，只要有過一次這種體驗，我們與世界的關係就將改變。世上不再有任何事情讓人害怕或不信任，因為我們已經明白，這樣的東西並不真實存在。

情緒仍然會在心中消長，但是因為體認了它們的空性本質，我們不會再去抗拒它們。接受自己的感受與印象都「一切如幻夢」時，我們對人生的看法將會大不同。沒有任何東西能像以往那樣困擾我們，痛苦與煩惱也不再像過去那樣，令我們感到恐懼與受侵犯，因為我們知道它們終究不會持續太久。視情緒為空性的，能減少它們對我們的干擾。生活中，我們不再那麼敏感地被情緒所左右，情緒也不再占據我們那麼多的注意力，於是，我們能活得更從容。

問：對好與壞的偏好與分別，是來自心的絕對層面或是相對層面？

答：每個從感官所帶來的意識的對境，都是相對的，因為我們的平凡心識會無可避免地涉及分別與揀選。我們喜歡或討厭的感覺，都是這顆相對之心在不正確知見的迷惑下，所產生的二元性表達。藉由修心訓練，我們完全超越自身的制約，釋放出心真實、究竟的本質。心的這個層面沒有二元性，它不偏私，無好與壞的分別。

練習自他交換法 — 注意呼吸就好

問：修持自他交換法時，呼吸上有沒有需要特別注意的地方？我應該專注於哪裡？鼻子嗎？我的注意力可以放在任何我想要的地方嗎？

答：由你自己決定。你的心不在外面也不在裡面，你不需要專注在某一點，只要觀照你的呼吸就可以。重點是讓你的心在呼吸時，不需要擔心你要怎麼呼吸，所以自然的呼吸就好，就依你平常習慣的方式呼吸。技巧在這裡不是關鍵，呼吸只是一個方法，幫助你與自身建立關連。

呼吸本身就是一個自然的自他交換法，吸氣時，想一下自己正在承受他人的痛苦與憂傷，然後短暫屏息，想像剛剛吸入的那些負面的東西在你的體內被淨化。之後吐氣，把正面、純淨的光明送給世界。

專注呼吸與覺知呼吸是截然不同的事情。思維呼吸時，你進行

記憶與分析。察覺自己在呼吸,則是處於當下,讓心中的所有念頭來來去去,而自己不對其中任何的念頭產生貪著。

問:我們能期望完全預防,或是擺脫恐懼嗎?

答:我們可以學習如何面對恐懼,不過,這麼做並不能擺脫所有的恐懼。想要完全消除恐懼的唯一辦法,就是明白我們真實、究竟的本性。我們已經知道生命不是一張「玫瑰之床」(a bed of roses)[4],每個人都有自己的包袱與擔憂;不過大多數問題,我們都能找到解決辦法,搞定它。

體認到問題會重複發生,這樣的認識在我們面對恐懼時是有幫助的。擔憂並不能解決問題,即使對生病或老化這些事很害怕,我們終究還是要走到衰老或生病的那一天,所以,擔心有什麼用呢?不如好好善用人生。想要找出恐懼的根源,必須看得更深入。恐懼通常不是由憤怒或憎恨之類的負面情緒而來,而是由欲望所引發;欲望導致我們貪婪,以及因為害怕失去而產生的侵略性。

明性的體驗

問:把心平靜下來,我們就能體驗「明性」的這種說法是正確的嗎?

答:禪修涵蓋了這兩者。我們一般人的心識像水一樣不停被攪動,

---

4 中譯註:在英語的表達中,玫瑰象徵愛與幸福,「玫瑰之床」意指生活的幸福圓滿。

而且充滿淤泥。心的迷惑與駑鈍只有在平心靜氣片刻之後，才有可能澄淨。禪修時，淤泥沈澱下來，思緒不那麼混亂。心的運作並沒有停止，但是慢了下來，開始找到了它自然的狀態。當心沒有那麼多的騷動時，我們能更清明地經驗現實與心性本身。當然，說比做的容易，不過對於想要追求快樂的我們，能獲得平靜與清明非常重要。

學習有技巧地駕馭這顆心，別讓它有太多的影響力或過度的自由，這需要一定的知識與技巧。我們需要練習，因為心是如此難以捉摸而且頑強。如果過度施壓，它會反抗；要是力道不足，它又會奪勢。當我們持續禪修，對於分心，將更敏銳察覺。

這可能會讓人覺得沮喪。心看起來好像永遠都停不下來，讓人開始懷疑，自己到底能不能好好禪修？

其實，這時候產生的挫折感是一個徵兆，表示我們正更深入地觀照自己。我們已經足夠安定緩和，能夠注意到自己念頭的移動有多快速。很多人在這個關頭時放棄了禪修，其實它是一個重要的轉捩點，是第一次我們能感受到心原來如此活躍。這不是失去控制，而是更加覺知。靜下心來是一個手段，不是最終的目的。禪修的目的是證得心的明空不二，而不只是平靜我們的心。

問：我們能否藉由修心訓練消除自己對阿賴耶本性的缺乏覺知？

答：我們無法覺知自己的阿賴耶本性，純粹是因為缺乏看清楚的能

力。我們缺乏明性，是由於我們常常以自我為中心、自我矇蔽。修心訓練強調的是他人的利益，當我們全神貫注在這件事情上，自我的束縛會減輕。

我們的計畫與需求尚未能完全駕馭自己的念頭。即使還沒能達到體認明空不二的自性，我們還是可能朝向阿賴耶本性接近。阿賴耶本性像是一片多雲的天，而證悟，是藏在雲層後面的太陽。

問： 在西方心理學領域，受虐狂是一種精神疾病，患者覺得他們受苦是應得的。請問這樣的人適合進行修心訓練嗎？另外，這些法教是作用在深層心理學、還是一個完全不同的心識層次上？

答： 這套禪修方法是關於承受每一位眾生的痛苦，並且消除這些苦。就消除痛苦的觀點來說，它與受虐狂是截然不同的。我們是以自身產生的正面療癒力與慈愛的能量，欣然與眾生交換他們的痛苦，這個過程藉由解除痛苦的根本原因，減輕了我們的痛苦。

西方醫學界分析每一種情緒障礙，希望治癒它們，不過結果並不是那麼地成功。往往治療了一種情緒障礙，又有新的情緒障礙取而代之。修心訓練截斷產生痛苦的根源，它不逐一對治每一種症狀，而是直接挑戰產生一切痛苦的罪魁禍首，也就是我執所產生的瞋恨。因此，對於誰能修持此法，並沒有設限。

問： 我最大的問題，應該是我相信即使放棄自己渴望的東西，最後

還是會得到我所需要的。如果我放手，會不會讓自己覺得被剝奪？

答：這是一個非常微妙的觀點。通常越難放手的，我們握得越緊。當我們真的放下，就能擺脫、離開，因而擁有專注於其他事情的空間。修心練習或教法都不曾提到苦行與自我否定。去享受自己所擁有的，其實是好的；犧牲我們想要的、或是乾脆放棄都是行不通的，也沒有必要。不需要放棄，只要別過度依戀擁有它們，或是在失去時過度失望就好。

著名的印度大成就者帝洛巴(Tilopa)曾經告誡他的弟子那洛巴(Naropa)說：真正囚禁我們與使我們受苦的，不是事物本身，而是我們對事物的貪著。與貪著相關的情緒使我們無法享受任何事情，當我們不再渴望時，就能滿足。這是瞭解這個問題的方式。

轉化逆境

瞋恨是導致我們受苦的原因，也是恐懼的起源。

人類的歷史因為充滿了惡行與惡果，說來不是太愉快。打從人類出現的那一刻起，仇恨、挑釁、悲劇、災難以及疾病也開始在世間流轉。面對這些躲不掉的違緣，至少，我們能夠將它視為自己的修行，來消除自己與他人的痛苦。

轉逆境為助緣

轉化所有的惡緣成為證悟之道。

惡緣成覺道

一直想要避開麻煩事，反而讓自己失去絕佳修心的機會。當我們陷在負面的情緒反應當中，內心的瞋念便會愈來愈強烈。然而我們可

以善用這類不幸的體驗，例如失去母親，你可能痛心到發狂，因為母親是你如此深愛的人，而母親也同樣深愛著你。母親的離世也許讓你感到不公平、憤怒，或者頻頻自責在她有生之年，有哪些事情你沒有能為她做到。與其痛苦追悔，不如試著以悲心懷抱這分沉痛的傷悲。

就修心與佛法的觀點而言，這時我們應該祈願自己的母親能從痛苦中解脫。請記得眾生與他們的母親也是如此親近的；在失去媽媽時，同樣會感受痛不欲生。所以推己及人，我們以自己的喪親之痛，來取代所有他們的喪親之痛，這麼做，就能轉化這段悲傷的經驗為一個正面的結果。

我們已經知道，心中的瞋念是導致自己受苦的原因，也是產生恐懼的起源。修習上面這句口訣，能轉化我們不喜歡的逆境為某項有價值的、正面的遭遇。與其抱怨困境讓人喘不過氣、一想起來就討厭，不如去承擔它們。這麼做，會動搖心中我執的力量，迫使我們更具備彈性。逆境幫助我們在邁向解脫的道路上更進一步。

修心口訣中提到了三種善巧的方法，可以幫助我們達成目標。這三種方法是：培養世俗菩提心、勝義菩提心以及修持方便行。

一、培養世俗菩提心

無法掌握外在的環境，我們至少可以決定自己要如何面對它們。焦慮和痛苦是我們的心製造出來的產物，想要轉化它們，第一步就是從培養世俗菩提心開始。下面的口訣幫助我們審視自己對事情的

正、負面認知：

將修行中所有問題與艱難的過錯，歸咎自己。

報應皆歸一

我們習慣將自己的不快樂歸咎於他人或環境，事實上，痛苦是自己的無明、貪著與瞋恨衍生出來的結果。認清這個事實，就能引導我們找到對治痛苦的良方。我們可能找遍了其他地方，試圖找出自己如此受苦的理由，卻一直沒有意識到這個貪愛自己的「我」，才是生出這些痛苦的主要緣由。將問題發生歸咎到「我」身上，應當不至於令我們感到罪惡感。

我注意到在西方，人們會把歸咎與罪惡聯想在一起，而且對於那些實際上並非自己的過失，仍然覺得有很深的內疚。

罪惡感通常不是源於自私，而是當「自我」是我們存在的核心時，因而產生的自大感，這才是我們內疚的主因。視自己為世界的中心，世界圍繞著我們而轉，這時，只要有任何不如己意，我們就會自責。

承受一切眾生的痛苦，是對治罪惡感很有效的辦法。它能讓注意力從「自我」上移開，也能消除許多我們的遺憾。儘管不需要對每一件事負責，我們的行為舉止仍有業果，適當的責難有助於我們承認自己犯下的惡行，並且為了每個人的利益而淨化這些惡業。

對於他人成就自己修行，則心懷感激。

修一切大恩

這是一句含意深遠的口訣。修心的首要目標之一，就是擺脫我們的憤怒與敵意。當我們消散了這些情緒，就會發現自己大部分的痛苦也因此消失了。當我們心懷感激，憤怒會被瓦解，而我們對某件事的恨意，也將無法持續，所以，這是一句非常有力的口訣。

身處順境，要放鬆自己或原諒別人都是容易的事；不過，一旦事情走樣，我們覺得自己被利用了或是承受壓力時，心中就容易生起敵意。沉溺於傷痛中，會激起瞋恨，讓這個經驗變得全然負面；如果我們謹記其中正面的可能性，就能避免這樣的情形。

感謝曾對我們嚴苛的人

別人帶來的逆境，是禮物，不是背叛。挫折與失望可以試煉我們的耐心與悲憫。如果生命總是被呵護、被祝福，哪來的「材料」提供我們修心？這麼一來，我們永遠無法從挫折與挑釁中去降伏自我。

當年，阿底峽尊者有位侍者脾氣出了名的壞，卻總陪同著尊者前往各地弘法。這個人不但個性急躁，對人也魯莽得很，大家都想不透，仁慈而且具足智慧的阿底峽尊者為什麼要讓這麼一位討人厭的人結伴同行。有人向尊者請問了這件事，尊者回答說，這位侍者是他極為珍貴的「忍辱考官」。

我們為了生起悲心的努力，多半與他人有關，而我們的進步也取決於這些人際關係。我們是為了這些和自己一起生活、一起工作、一起分享生活的眾生而尋求覺悟。這些人也是我們在邁向覺悟過程中，獲得智慧與耐心的恩人。所以，對於那些曾經對我們嚴苛的人，與其覺得自己被污辱、被傷害，不如轉化那些不舒服的感覺為感恩。痛苦總是來自看不到事情好的一面，也來自挑剔，如果能夠正面看待一切遭遇，我們對這個世界的執著就會少一點；對於逆境，也不再那麼容易受傷。

二、培養勝義菩提心

在逆境中所感受的不安以及痛苦，其本質都是無常而且空性的，瞭解了這點，我們就能克服逆境。我們的心傾向放大自己的負面經驗，大到讓它遮蔽了我們的視線。過度近距離審視自己面對的問題，反而膨脹了它的難度，讓人覺得無法招架。其實這只是我們決定採取哪一種觀點的問題。伸長手臂，我們看自己的手，跟平常沒有兩樣；然而，如果把手放在離臉越近的地方，它看起來會越大，大到開始遮住我們的視線，甚至無法認出那其實是自己的手。如果我們讓每件事情都距離自己這麼近，就會失去平衡感。距離拉開些，難題仍在，但是你將發現它不再阻礙我們。下面的口訣與如何培養、持守這個觀點有關：

安住覺性的心，不再迷惑

> 觀迷惑為四身，空性是我們無上的保護。

> 迷境觀四身，空護為最上。

我們這顆尋常的心，因為對自己與他物區分，而產生了許多迷惑。其實，還有其他的方式可以和這個世界產生連繫——就是以不具一個體驗者的方式，單純地去感受事物。當「我」不起作用，心就不會生起二元對立與分別，「好」與「壞」也就不再有意義；而逆境，也不再這麼折騰人。如果標籤已經被撕掉，所謂的負面回應與狀況，也將不再存在。

這句口訣鼓勵我們觀察自己迷惑的心，在它失去方向感，或者混亂的時候觀察它。其實我們根本找不到一個東西叫做「心」。過去與未來無法定義它，而現在，只不過是一連串瞬間掠過心中的念頭。我們觀察自心於瞬間，這一瞬間是我們直接、當下的覺性，在這個狀態下念頭來來去去，不會影響我們。沒有回憶，也沒有期待。如果生起恐懼，我們隨它去，那個害怕的「我」就會消失。沒有迷惑，也不會有被迷惑的人。重點是我們得學會看清事物的本質，才能夠轉化它們對我們的影響；一旦看到這個真相，就能帶來智慧。

「卡亞」(kaya)的意思是身體。四身是佛陀所有教法裡最難解釋的部份。我們所無法思維、理解的心的這個部分是為法身(dharmakaya)，亦即心之無限、無形象與空性的特質。雖然我們從中找不到任何東西，但心散發出光輝與明亮的清明，即是報身(sambhogakaya)。心不具堅實的結構，但是我們能不斷思考，而且念頭不受任何阻礙的心性層面即是化身(nirmanakaya)。

上述三身相互關聯，無法分開，在這個層次上我們超越過去、現在、未來的概念，到達沒有時間性的自性身(svabhavikakaya)。將心安住在不生、不滅、不住與超越時間的覺性中，便是能夠完全去除

迷惑的「空護」（空性的保護）。

三、特殊修習法

四種方便是最好的修行法。

四行勝方便

積資、淨障、布施與供養四種對治是消除違緣的究竟方法，也是我們對抗惡業強有力的支援。

我們通常是憑直覺、不加思索就對事情產生反應，如同俄國神經生理學家巴伐洛夫的狗(Pavlov's dog)一樣，聽見搖鈴聲就聯想到吃飯時間到了，所以開始流口水。我們依著自己所受到的制約，對每件事產生回應。要改變這個習氣需要花時間，也仰賴我們的決心，除此之外，並沒有捷徑。

積資與淨障能對治我們最嚴重的障礙——對不悅的事起瞋念與對悅意的事起貪執。增長正面的功德與行為，能強化我們的悲心。我們的善願與念頭，可以化解負面的情緒。即使現在做不到，至少期許自己將來有一天能使上力。我們為一切眾生而誠摯祈願。我們先發一個幾乎不可能達成的心願：願盡虛空一切眾生獲得圓滿的證悟。發下這樣的大願後，我們再發小一點的祈願：願世界和平，願國家、城市、我們的家人，最後才是自己，擁有生命中的良善。

1、積聚資糧

想要積聚資糧，必須先明白什麼是資糧。資糧可以是因，也可以是

果。如果是基於良善的動機去做某一件事，就能產生資糧。基於悲心與無私的心念與行動，也會產生資糧。被瞋恚、貪著和無明等動機驅使而造作的行為，並不會產生資糧；不過如果我們發心摒除這些不善心，也能為自己獲得資糧。

真心隨喜他人的善行

某人做了某件善行，將因此感得善果，我們如果能夠隨喜這行善的人與他造作的善業，能得到的將不只是一部分，而是和行善者完全相同的資糧！同樣的，如果附和一件惡行，也將必須承擔同等的惡果。為了得到最好的果報，我們必須時時營造善緣，增長自己的功德；想要未來有好結果，現在就得行善。

我經常分享一個故事，因為這個故事很有意義。在佛陀的時代，有一位富有的國王，準備了廣大供養，在他美麗的花園中舉行了特別儀式，邀請佛與上百位跟隨佛陀各地旅行的法師接受供養。

接下來數週，國王供養了會眾無數美食、錦衣與財寶。根據當時的習俗，人們會將功德迴向給做此善行的人，所以在這場廣大供養的尾聲，國王請求佛陀為過去幾週所做的善行進行功德迴向。佛陀應允國王，不過同時問了他一個問題：「您覺得我應該把功德迴向給您，因為您提供了這一切供養以及禮物，還是應該迴向給這場廣供中真正獲得最多功德的人呢？」國王感到困惑，心想既然自己主辦了這場供養，而且對每個人也很慷慨，功德當然應該是迴向給他才對；不過，他仍然回答：「當然是應該迴向給最有資格得到功德的人。」聽完國王的回答，佛陀將功德迴向給一位老婦人，她是幾週

來都坐在花園門外的一位乞丐。佛陀的這個舉動，震撼了所有人。

佛陀的侍者阿難忍不住發問：「您為什麼會把這場供養的功德迴向給一位乞討的婦人，她並未在供養中做過什麼，為什麼您不迴向給護持這一切的國王？」佛回答阿難：「是國王護持了所有的花費，而這名婦人連一塊錢都拿不出來，不過，她非常歡喜看見如此盛大的供養。因為自己沒有貢獻什麼，所以她一點也不驕傲。國王的確很慈善，不過相當自負，對於自己有能力行善沾沾自喜。老婦人因為真心隨喜這場廣供，而且謙遜，所以獲得的功德超過國王。」

2、淨除罪障

每個過失都是暫時的，而且能夠淨化。一旦承認錯誤，為所犯下的傷害懺悔，並且發心更加注意，就已清除了這個惡行與惡業。淨障的意思，是在有意識的情況下，藉由懺悔或將功補過的方式來清除惡業。

每個過失都可以被淨化

在佛教，惡行並不等同於罪，也不存在個人的邪惡或原罪的觀念。我的許多西方學生曾經對我解釋原罪的概念，不過，我發現這樣的想法並不存在西藏或者是佛教徒的心中。在後兩者的認知中，沒有什麼行為是絕對不可原諒的，人會犯錯，也能改過。負面的印記都只是暫時的，可以被抹去。基本上，我們的心像一顆光明無垢的金色球體，惡業僅僅是附著於球體表面一層薄薄的灰塵，一旦把它擦掉了，球體馬上又恢復原有的光亮。如果能夠認出這原來的清淨，其實並沒有什麼讓我們感到內疚的，也沒有誰應該受責。

運用自己的正念與覺知是非常重要的，練習的重點是記住正面、好的那部分。一個有關西藏牧羊人的故事，說明了這一點的重要性。在西藏，牧羊人的生活非常艱困、危險，沒有牲口棚，也沒有棲身處，暴露在非常原始的環境中。故事中的這位牧羊人在深山中牧羊，在他牧羊的鄰近地區住著一位受人尊崇而有名的隱士，許多人來向他求法，所以這位牧羊人有天也來到隱士的住處求見，請隱士教授像他這樣未受教育、無知的人，一個禪修的方法。

用黑白石頭，練習覺知好壞念頭

隱士給牧羊人的建議是去找很多的石頭——裡面要有一半顏色是白的，一半是黑的，然後在牧羊時留意自己的念頭，觀察這些念頭是好是壞？如果發現自己出現了一個負面、憤怒或者刻薄的念頭，就在旁邊放一顆黑石頭；如果生起的念頭是仁慈、好的，就放上一顆白石頭。所有的黑色與白色石頭要分開堆疊，而且隱士交代說：「就一直那麼做。」

所以牧羊人回到羊群所在，依照隱士所說的方式進行練習。每當察覺生起一個念頭，就選一顆石頭，很快地他的身旁出現了一大堆黑石頭，只有極少量的白石頭。看到這樣的結果讓牧羊人很不安，他急忙回到隱士住處，跟隱士說他覺得這個辦法不會管用，因為他有太多的負面、邪惡的念頭了。然而隱士鼓勵他：「沒關係的，繼續做，一切都不會有問題。」於是牧羊人繼續在每一天觀察自己的好、壞念頭，時間慢慢過去，牧羊人的心念石堆中，黑色那堆少了許多，而白色的小圓石卻是持續增加。這個結果告訴我們，藉由審視心的狀態，我們能夠改變自己的心識。

練習所有法門，積資淨障都是不可缺少的要件，除了以上所說，還有些其他的方法可以幫助我們增長功德及淨化自心，這些方法包括皈依。一直以來，當我們提到某某人是一位佛弟子，我們指的是他已經皈依三寶。皈依有點像是對自己立下一個心靈上的承諾，為了自己與眾生的福祉，我們皈依佛，視他為師，視佛說的教法為修行之道，而奉行佛陀教法的人，我們視他們為菩提道上的同行。

佛是我們的典範與指引，我們學習、也應用他的教法發展自身具有的正面特質為覺悟的智慧與悲心。修習佛經與禪坐的目的，是釋放我們的心，讓它擺脫輪迴之苦。皈依僧伽，則讓我們獲得菩提道上同行善友的支持與鼓勵，相互扶持。

3、對惡勢力行布施

嘗試逃避那些有害的情況是沒有用的，因為我們根本逃不掉；不過，當每個考驗生起時，正好是我們練習慈悲與布施的好機會。另外一種練習自他交換法及培養無私悲心的途徑，是為了斷除自我與貪著，供養眾生我們的身體以及所擁有一切的「施身法」(Chöd)。

想像所有惡魔與邪惡的負面勢力正環繞著修法的我們，不同於為了保護自己而與他們對抗，這時我們邀請他們來享用自己的一切，在這個過程中，我們所有的負面習氣也會暴露出來，並且被摧毀。我們以協助，回敬他們帶來的傷害。面對逆境比抵制它來的更有收穫，這是修法背後的真正意義。與其拚了命抵抗，我們對那些想要迫害自己的勢力屈服，這時你將發現，越不那麼急著保護自己，

我們反而變得更無敵。這道理其實很簡單：我們不跑了，別人怎麼追？所以在面對最糟的情況時，如果我們勇於冒險，放下自己與一切，心裡的恐懼就會消失。

恐懼的密勒日巴，咆哮著……

有一個關於密勒日巴尊者(Jetsun Milarepa)的故事，很多人應該耳熟能詳。尊者的時代距今八百年，是藏地一位偉大的瑜伽師、詩人以及噶舉派傳承祖師。他在洞穴中修行多年，在多次閉關中曾遭遇無數考驗。有一天，尊者出外撿拾柴火，回到洞穴時發現有三個邪靈在洞裡，想要霸占他的住處，這三個惡靈長著巨大的頭，還有比頭更大的眼睛，長相非常嚇人。尊者祈請他們離開，不過，他們一動也不動。尊者開始想盡各種辦法，持誦各種咒語，命令他們離開，可是還是沒有用。

突然間尊者感到羞愧，因為想起了自己的修持教導他的正是所有一切都是心的幻現，然而他剛剛所做的，卻是排斥這三個眾生，對他們咆哮。尊者反省既然自己每天都和天底下最可怕的惡魔——「我」一起生活，為什麼就不能和這三個比「我」更小咖的鬼共處一穴？當他明白這三位眾生，其實也是自己的念頭時，這些鬼，立即消失不見。

不管碰到多麼糟糕的處境，都是自己過去造下的傷害所感得的果；是過去的所做所為，導致了今天的果。不過越嚴峻的考驗，我們的修持就越有力量，一旦我們轉化自己的痛苦為承擔他人之苦，痛苦的根源就會慢慢枯竭。

4、供養護法、勇父與空行

在我們為了淨除心裡的惡勢力而不與它為敵時，也將自己修持正面的心態、祈願與資源等種種功德迴向給護持我們的護法們。任何發生在我們身上的好事，我們都將它供養出去，讓這個好運廣為散播。我們將所做一切善行的功德迴向給眾生，當然也包括護持自己修行的護法們。對於所信仰的神鬼眾，我們祈求他們的加持來表示尊崇，這麼做，能使自己的功德更加穩固。

梵文中，勇父(daka)與空行母(dakini)是證悟的能量與事業所化現出的天界男女相眾生。經由供養他們以及其他護法食物與財富，我們可以消除我執，放下期望和恐懼。如果面臨病痛或死亡是必須的，我們就會接受它，視自己的生命為最大的供養。

有時一心祈求與專注修行，我們的難題就能自動獲解。有一位曾經追隨偉大的蔣貢欽哲仁波切學習的僧人，在一次朝聖途中路過西藏南部，當年的旅行條件不如今天這般方便，只能徒步，無法攜帶過多的行李和食物，所以非常仰賴在途中向村民化緣。這天，這位隨身攜帶一個用於修行「施身法」的手鼓的僧人，走近一群當地村民向他們化緣，僧人告訴人們，他是一位高僧。於是在僧人用完餐後，村民們把他拉進一個不見天日的地下房間裡鎖起來，屋裡四周都是死屍，這景象嚇壞了僧人，他想盡辦法爬到最高的屋椽，不斷呼喊上師名字，祈求上師來此把他從這屋子裡救出。突然間屋裡的骸骨開始滔滔不絕的說話，吹口哨，甚至動來動去，雖然過了一段時間後這些聲音與動作停下來了，他還是一夜無法闔眼。

到了早上他爬下了屋椽，把一些屍骸堆疊起來，坐在上頭，開始竭

盡所能地大聲吹起了脛骨法號，用力擊鼓，念誦禪修經文，每個聽見他的聲音的人，都確信他真的是一位修持施身法的喇嘛，於是他在當地獲得了聲望。僧人後來遇見蔣貢欽哲仁波切時，他的上師微笑對他說：「那時在那個屋子裡，我們還真挺難熬的，是吧？」

在真實情境下修，就對了！

就從現在起，訓練自己，把無預期的違緣帶入修行道。

所遇修道用

我們在一個混亂、艱難的世間修行，持守些許戒律，就能記得這套修心訓練，對我們的生活有所幫助。如果以自己太煩、太困惑，不知道該怎麼做為藉口不去禪修，其實是缺乏發心。修心訓練不是理論，所以，我們究竟花了多少時間去研讀、或去思考怎麼禪修這些事都無關緊要。修持的重點，是把口訣落實在生活中，真實的情境下修持。

無法預期的障礙能激發出創造力，有句中文諺語是這麼詮釋這道理的：危機就是轉機。修心時，碰到的每件麻煩事都不會惡化成更糟的情況，而是變成我們的修持。從最小的麻煩、受傷到片刻煩心，都是在我們帶著去除一切眾生痛苦的動機下，可以利用的修持機會。我們現在就開始修心，不是等到明天，也不是後天，這麼一來，當任何的不測發生，受到無預警的痛苦時，心就能記起自他交換法。不只是承受負面的障礙，我們還傳送出自己的快樂與熱忱，將擁有的美好事物與喜悅，在吐氣時，獻給世間的所有眾生。

生死修行

藉著「修行五力」的口訣，人生每一階段，皆能受益。

進行修心訓練時有太多的事情需要記憶，有時候我們會迷失方向，修心第四要談論的，是修心訓練一個精華的概觀。即將談到的修行五力，是整套修心訓練的精簡濃縮。這些重要口訣能在日常生活中幫助我們心向禪修，尤其是瀕臨死亡與經歷死亡的那些重要時刻更是如此。不過，無論獲得了多麼精確的口訣，我們必須藉由修持才能獲得成果。這套修心法，是我們在人生每一個階段，都可以仰賴的修持。

長袍下，臀部的祕密

岡波巴大師(Gampopa)是密勒日巴尊者最優秀的學生，當他完成學業、即將離開上師開始個人修行時，他的老師來看他。尊者告訴岡

波巴：「我還沒有傳給你我最高深的修行，因為這個法門太深奧了，而你看來還沒有準備好。」岡波巴聽了老師的話，非常失望，可是他沒有辦法說服老師改變想法，只好踏上旅途。當他正準備啟程渡河時，尊者突然叫回岡波巴。尊者說，因為岡波巴是自己最親近的弟子，將來要傳承教法，所以還是決定把這個秘密修行傳授給他。岡波巴虔敬供養上師後，密勒日巴尊者轉過身，拉起袍子，露出臀部，對弟子說：「這就是我最高深的密法。」岡波巴看到老師臀部因為長期禪坐而結繭，硬如岩石的皮膚時，震撼的說不出話。

　　　修持五種力量。五力，是如何死得其法的引導。

　　　總攝訣竅要，應修習五力。

在學習修心七要的初步階段，我們將逐漸瞭解修心與培養布施的正面價值，然後決心持守這些已獲得的良好習慣與特質。每憶念一次修行的五種力量，對它們的理解就更深入，而我們的行為，也會更加務實。

修行的五種力量

一、意志力

意志力增長我們對人生需要修習佛法的信心，幫助我們明瞭修行的意義，然後堅持到底。憑藉這股力量，我們可以放眼自己修心的最終目標，然後下定決心達成它。修行是需要動力的，否則，會變成枯燥的例行功課，或是一種空洞的儀式，失去了意義。有時我們感到充滿法喜，不過這種感覺會隨著時間慢慢消失，所以我們必須保持動力，才不至於忽視自己的修行，或者是感覺不一致。

二、嫻熟力

我們應該將修心訓練當成是自己的「第二天性」一般自在的練習。重複練習，使修行融入生活裡的每一件事。禪修並不是什麼外來、不相干的事；它的一切都與我們的生活有關。如同所遇、所知的一切都是修持，我們自己也是修持。

三、善種力

請不要因為自己正在做有意義的事而自滿，應該要去尋找、並善用每一個能夠培養悲心的機會。「善種力」能讓我們從當下到證悟，都保持決心去修持善巧的心念與行為。持續努力播下善的種子，累積美德，在生命中的每個小時、每一天、每個月、還有每一年，都想著要幫助眾生脫離三有之苦。在每一年的開始，都要謹記這件事，如果能夠持續這樣猛烈發心，想要像愚公移山，也不是不可能的事。

四、破斥力

自始，痛苦來自對自我的執著，以及我們對痛苦的憎恨。只有拋棄自利與我愛執，才有可能調伏這些妄念。破斥力能直接完全捨棄我執、以及它所產生的影響力。

五、願力

就像念頭是行動的種子，發願是我們禪修中增長虔敬心與善意的主要因素。願力並不是向某人祈求能從痛苦中解脫，而是一個方向明確的願望，希望某件事能夠因此開展而帶來益處。然而，我們對自

已許下的願望得謹慎。如果許願不如法，可能許下錯誤的願望。某個跟猴掌有關的小故事，正提醒我們這道理。

許錯願的猴掌故事

在一個風雨交加的夜晚，有位陌生人來到一對老夫妻的小屋，他大力敲門，希望能在他們家借住一晚，老公公與老婆婆答應了請求，讓這位陌生人進了他們的屋裡。可是，這位神秘訪客心神不寧，坐立難安，讓老夫婦忍不住問他發生了什麼事。陌生人說他是因為手中握有的一隻猴掌而緊張。

「擁有猴掌的人可以許三個願望」，陌生人說，可是他很害怕自己會許下愚蠢的願望。結果老公公與老婆婆建議他，這麼不安的話，不如把猴掌送給他們，他們一定能善用這三個願望的。陌生人真的開心地把猴掌送給了老夫婦，如釋重負地離開了他們的住處。於是老夫妻許下第一個心願：要變得很有錢。

第二天早上，老夫婦家來了另外一位訪客，是他們在外地工作的兒子的雇主。這位雇主帶來一個不幸的消息，他們的兒子在意外中喪生了，老夫妻因此從雇主那得到一筆巨額的慰問金。他們的第一個願望實現了，只不過，也失去了心愛的兒子。

傷心了一會兒，老夫婦很快記起他們還有兩個願望可以用，於是馬上許下第二個心願：兒子死而復生。過了一會兒，門外傳出可怕的聲音，他們往外看，看見自己的兒子從墓穴中走出來，不過，他已經是個殭屍。嚇壞的老先生與老太太，趕緊再許第三個心願，就是他們的兒子能回到墳墓中安息。

願望實現了，不過，三個機會也都用完了。

要祈求自己的修持能獲得很好的結果。即使這個心願目前無法實現，也沒關係，有的時候是因緣不具足，或者我們的能力還不夠，這時，還是應該持續祈求，希望自己在未來有更好的機會積聚功德。

面對死亡的五力修持

正如上述五力提供給行者的，是一生修行的藍圖，五力也能指導我們如何面對死亡。既然死是即將來到的事，我們的確應該好好練習，不過，以五力修行死亡的順序，跟生時的練習稍微不同。

一、善種力

在人生接近死亡的時刻，我們要努力行善，包括布施財富與供養以增長功德。在生命的最後什麼都不必留下，所有你擁有的東西都給出去，要用這樣的方式，斬斷對人身的留戀。

過去在藏地，有一位快要斷氣的男士，要求家人把他擁有的金銀財寶都拿進房間，放在他的枕頭底下，雖然知道自己帶不走這些東西，可是就是不想放下，對於要他割捨這些珍寶，實在太痛苦了。其實這是不需要有的貪著。布施能讓我們從物質環境的執著中解脫，就算沒有任何財富能與他人分享了，我們仍然可以將此生所有善行、善念的功德布施出去，迴向給眾生。

二、破斥力

對於死亡這件事感到悲傷，來自我們對肉身的貪著，以為它是我們永恆的住所與身分，所以對死亡當下感到痛苦萬分。我們痛苦、憤恨與焦慮，是因為自己正在失去一個真實客觀的世界以及深愛的自己。我們並且以為既然世間沒有任何事物是真實存在的，也就不應該有死亡這件事。

所以得不時提醒自己，對死亡的恐懼，是因為對生命的錯誤認知所造成，這又是「自我」幹的好事。實際上，這個肉身從來不曾真正屬於我們。如果能對空性有所覺知，視死亡為一件自然發生的事，我們就無需對此感到畏懼或執著。無法放手的話，就會死得不得其法，而我們真的不需要這樣，不妨從容以對。

三、願力

臨終前，記得將此生所做一切善行功德迴向給他人，祈求在來生具備堅定而且持續的悲心。在臨死前為自己做這些祈願，是非常重要的一件事。如果這一生，我們已經錯過利用這寶貴人身去做對眾生有利益的事，這時更要發心，在未來能利用更多的因緣條件來利益眾生。

四、意志力

意志力能帶給我們決心，直到嚥下最後一口氣之前，都要禪修悲心。保持這個心念能讓我們死後以及中陰的幻相減到最低，也能對下一世產生好處。在這一世的生命走到盡頭時，祈求保有清醒及持

守悲心的能力，在死亡中以及來生，能夠獲得證悟的智慧。

五、嫻熟力

嫻熟力讓我們在接近死亡與經歷死亡時，得以持續進行平日所做的禪修。

讓自己在死亡的當下進行某個熟練的例行功課，是經歷死亡過程中最好的支持力，可以幫助我們從容度過關鍵階段，直到最後一刻，都能持守自己的心念，安住在正確的心緒中。

臨終時刻的禪修：破瓦法

在臨終之際也有一套明確、可運用的禪修法門——破瓦法(Phowa)。這個法門能轉移修行者的心識，使其前往善趣的地方。修習破瓦法，專注力與信心都是重點。在這個方法中，行者的心，必須專注於勝義菩提心上。

悲心是練習破瓦法中最佳的一種，因為它展現的是證悟之心的本質。練習本身雖然簡單，但是這個禪定方法，能引導我們證悟自身的佛性。想像自己就要往生，以右側睡姿，將右手小手指堵住右邊鼻孔，然後進行自他交換法的修持：吸進外界的負面能量，送出正面的祈願為替換。練習過程中，我們斬斷對週遭事物的一切執著與貪愛。

死亡時，我們是孤獨的，即使是心愛的人，好友或親戚，沒有人能以任何方式提供任何幫助。所以請提醒自己，生死都只是心的投

射，是我們的心創造了死亡的幻象和結局。看看天空吧！讓心在浩瀚的空中放鬆、安住。

香腸掛滿樹的淨土故事

這一生我們都應該重複練習破瓦法，讓它變成一種自然的習慣，尤其在臨終那一刻，能自然而有意地運用它。

我曾經聽過一個善巧運用破瓦法的故事。有一個西藏家庭，在家族成員即將離世時，請喇嘛到家裡來。喇嘛坐在臨終者的床邊，提醒他不斷地觀想自己的根本上師。不過，臨終者告訴喇嘛：「我沒辦法觀想我的上師。現在我的腦子裡，只有一堆在火上滋滋作響的烤香腸。」這位喇嘛非常善巧，輕聲安慰他的病人說：「太好了！阿彌陀佛的極樂世界裡就有無數的香腸樹，樹上長滿了香腸，你只需要張開嘴，就能享用它。阿彌陀佛的顏色，剛好就像火熾熱的灰燼顏色，現在你要一直想著他，就能去到那個地方。」

據說，因為遵照喇嘛這樣的引導，那位亡者在往生後，直接到達極樂世界淨土。

| 第五項訓練 |

自我評估

生活中總有著一顆歡喜心，是好修行人的象徵。

學會了修心方法後，我們需要評估自己做的對不對，合宜不合宜。
修心第五要，提供我們一個檢視的方法：

> 所有的教法都同意一點。

諸法攝一要

所有的佛教學派及傳統都認同這件事：修行有助於減少我執以及有
我的妄見。這是我們修行的方法、目標以及目的。因為無明，我
們建構了一個分開、獨立的「我」的幻相，而這個強烈、輪迴的
「我」，正是我們修行的頭號對治目標。修心訓練能去除執著與自
私。「無我」的觀念是高深的法教，不過，如果發現，當自己能更
加關注到別人的問題，勝過把焦點放在自己身上時，我們已走在正

確的道路上了。

在自我與他人的兩種見證中，你該仰賴的是誠實的那一個。

二證取上首

我們可以藉由自我評估、或是聽取別人的意見這兩種方式評鑑修行的進展。不過，說到底我們是最瞭解自己的人，所以，自己的觀察應該是要最值得信賴的。只是長久以來，西方教育傾向否定自我的主觀看法，教育孩子要相信外在的客觀評估比較正確。在某些情況下也許行得通，不過這道理並不適用於對修心訓練的評估；無論週遭其他人有什麼樣的意見，在修心訓練中我們需要對自我評估建立信心與信任。

對於我們的行為，別人可以讚美或詆毀，不過這些行為後面的特殊理由或動機，他們無以獲悉。所以他人的評論絕非定論。只要對自己誠實，我們自己的標準才是真正值得重視的。

無論善緣、惡緣，總是保持歡喜心。

恆當依歡喜

修行練習的效果如何，可以從心情上得知。如果心更加歡喜了，表示這個修持發揮了效用。我們應該受到鼓舞，因為我們的目的是將所遇到的任何痛苦轉換為喜悅。要知道個人這等最輕微程度的損害，能夠消除巨大的痛苦並淨除過去所造惡業。如果有能力，我們絕對會試著阻止不幸的發生，然而，當不愉快的事情發生時，我們還是樂觀面對，不讓它們打擊或減損自己想要助人的發心跟能力。

任何歷險都需要決心。我們可能得下一些苦功，而且一路上得掙扎前進，然而這一切的試煉都是暫時的。憑藉著自己想要利益眾生的不凡目標，這一切都可以忍受。能保持善良的心地與熱忱，表示我們的努力已經發揮效果。生活中保持一顆歡喜心，是一個好修行人的象徵。

散亂中也能修持，表示你已經修行有成。

能散即圓滿

如果日常生活中的需求與繁雜能夠自然地讓我們的心轉向禪修的話，代表我們的修心訓練將會進行的非常順利。世間的逸樂或壓力，都容易令人分心，除非我們持續地應用這些口訣，否則這些事物會暗地破壞我們的禪修，讓效果打了折扣。不管這些讓人分心的事是多麼激烈或鬧心，請記得持續練習。經過如此徹底的訓練後，無論在任何情況下，我們的心都能自然憶起修心的方法。

紀律養成

調伏這顆心，得從自己最大的毛病下手。

謙遜與內斂是進行修心訓練時需要的特質。第六要的口訣有助我們瞭解某些態度或習慣，會對我們的修持造成負面影響和干擾。這顆心並不總是願意接納，並配合著我們進行修心訓練。所以，持續檢視自己的心態和倫理觀，是必要的。

> 修持三個基本原則，
>
> 恆學三總義

修心的三個要點：

1、 持守戒律

不論修行到了哪個階段，基礎法教都是修持的一部分，並且總是修

行的參考點。持守皈依戒和其他修行上的誓言，可以強化我們的修持。利益眾生的發心，對於指引我們的行為舉止舉足輕重，賦予我們圓滿修心訓練、以及消除每個違緣所需的穩定度與信心。我們並非圓滿的覺悟者，因此自制與節制是必要的。

2、不浮誇、狂放

歷史上有許多上師或瑜伽師以非傳統的方式示眾的傳奇故事，不過，我們還沒有達到他們的智慧，如果我們以誇張的動作來模仿他們的話，只是自己欺騙自己。浮華的行事是不可能帶來任何好處的，所以請努力保持純正與謙遜。不過，在此同時，也別批評或否定他人的誇張言行，因為我們永遠無法知道他們行為背後的原因。佛陀曾說，世界上有許多深藏不露的證悟者，而任何一個我們遇到的人，都有可能是一位大成就者。

3、不偏頗

我們對眾生的慈悲應該是無條件、平等的；沒有比較偏愛誰，也不會想要排除誰。如果抱持著偏頗的想法，我們就會在事物中挑剔和揀選，這時，代表我們已經被我執所主宰了。不願意包容那些讓我們感到不愉快的事，或者是柿子只挑軟的吃，都不夠中立。高興時才修，不高興的時候就停止禪修，或者是相反——只有在碰到問題的時候才想到禪修，都顯示我們的修持已經有所偏執。這句箴言是指在任何情況下我們都應該保持接納心，並且持續穩定地修持。

轉變愛自己勝過他人的心態，保持安住於自性。

轉欲自穩重

一旦我們的悲心越發成熟，越不能凡事只想到自己，或者是把自己跟他人區隔開來。我們越是善巧，就越不會有這樣的表現。即使外在行為沒有多大的改變，內在卻是潛移默化地改變著。我們不需要採取任何激烈的措施，也不需要改變自己的生活方式，沒有人建議我們應該要拋棄自己的家庭或者是社會地位。巴楚仁波切(Patrul Rinpoche)曾對此寫出一篇美麗的偈子，他形容修行並不像打造一個金飾，需要有特殊的工具與手藝；修行比較像是靜靜地把自己融入法中，不招人耳目。

別放大別人的缺陷，

不應說缺陷

去討論他人的過失是不具建設性的。在私人與修行的人際關係中，我們應該謹慎言語。每一個人都有某些不足之處。每回到了佛教的禪修中心，我們希望自己遇到的都是慈悲而且有智慧的人，可是，可能碰到的都是還在人生中為了某些極大的疑惑與難題而掙扎的人。我們都有缺點，到處說別人的不足，不過是轉移對自己缺失的不滿，解決不了任何問題。

別細想別人的過錯。

全莫思他過

心中一旦充滿了負面思緒，我們看到的一切都會是染汙的。存心找碴，一定能夠挑出毛病，只不過找到的，其實都是自己不潔心思的反射。評論別人的不完美會讓我們不自覺地誇張了他人的缺陷，忽視他們的長處。我們絕對不能忽視他人的優點，要以找出別人的正面價值對治自己的負面反應。我們既然發心要利益眾生，並幫助他們遠離所有的痛苦，就應該承認自己這個不完美的心態，而不是去挑剔他人的過錯。

從對治自己最大的汙點開始，

先淨重煩惱

想要調伏這顆心，從自己最大的毛病下手是挺合理的。無論最大、最頑強的毛病或習氣是什麼，就從那裡專注起。想要畢其功於一役，一次根除所有毛病的想法是不切實際的；不過，從單挑自己最根深蒂固的習氣著手，有利於增強我們的善巧與毅力。一旦擺平了最強的敵人，我們就能耐心地繼續對治其他缺點了。

放下對成果的期待。

斷一切果求

懷抱著企圖心和期望，反而會阻礙我們修心。有所求的禪修，就不是禪修了。如果我們期望修行有成，這個期待會讓我們誤入歧途。我們無法計畫自己修行的成果，因為它們只在水到渠成時自然到來。追逐修行的成果，只會重複我們想要擺脫的「貪愛」與「瞋恨」的惡性循環。修行之路沒有目的地，也沒有任何目標。我們所需的一切本來內具，並不在前面的某個地方。

遠離毒食。

捨棄有毒食

我們為了健康、為了成長、為了生存而吃；食用受到污染的食物，會讓人生病。修心訓練像是一道營養的食物，應該讓我們維持體能，並且更加茁壯。然而，如果修心是出自一個不正確的動機，最後獲得的非但不是健康，反而是傷害自己的毒素，我們的修持也不會獲得效果。

把我執的貪著與欲望帶到禪修中，會讓禪修變得不健康。現代社會中的許多風俗與制度已經因此腐蝕；某些令人推崇的傳統則日漸式微，因為最初的立意已經敗壞。修行也是如此。我執會讓自己忘記初衷，或是對自己當初的發心產生質疑，然後鬆懈了精進。所以請謹記四個前行思維、諸法皆空、諸行無我，這麼做，能確保禪修的整體性。

別過於武斷。

莫學重義氣

要把這句口訣由藏文不失原意地翻譯成英文，是很大的挑戰。這個口訣提醒我們不要重蹈易犯的惡習。我們習慣不斷重復那些負面的行為模式，也因重複對事情不經意、不善巧的反應而受苦。心懷怨恨以及試著逃避負面情境，都是我執在過去習慣採取的自我防衛機制；現在進行的修心訓練，則要帶領我們找到不同於這些自動反應的其他選擇。

過去，我們的預期反應一向是以恩報恩，以牙還牙；不過，以德報怨對於修心的我們來說，將是更具創意，還有遠見的回應，甚至有可能讓昔日宿敵變成我們的朋友。即使無法這麼戲劇化，至少，我們仍然能享有原諒他人而獲得的寧靜。

不說戲弄人、挖苦人的話，

莫發粗惡語

比起讚美他人，我們更容易口出惡言，然而這些懷著惡意的言語非常傷人，也會讓人事後懊悔。嘲諷的溝通方式有害我們的同理心，我們真的需要避免衝動發言。輕蔑的話已經為我們製造了這麼多的敵人，並且讓我們失去了這麼多的友誼。爭吵與反駁其實出自同一個不經思考、想要中傷他人的衝動。這麼做，可能讓我們在最初一剎那覺得自己比他人優秀、聰明，但是這樣缺乏意義的言論，說真的太沒有技巧，也透露了自大。除非我們學會少批評，否則，在人際關係中將很難受信賴。說話應該要體貼，因為這是行使悲心不可或缺的媒介。

不做伺機報復的事。

勿候險阻處

含冤等待復仇的機會，這種行為是不符合修心訓練宗旨的。以報復來對付虐待或傷害，是不對的。遭受了侮辱或傷害便懷恨在心，處心積慮等著反擊的時刻來臨，這樣的心態並不會帶來任何安慰或抒解，只是徒增痛苦而已。讓自己延長承受這個負面處境，有什麼好處呢？不如忘記那些虐待，我們可以更快樂一點。

不攻擊別人的痛處，

莫刺要害處

這幾句口訣並不總是要我們照字面上的描述去做。這一句是說我們不應該極力突顯他人的問題。羞辱他人於事無補。當我們誇張他人的過失或是希望別人不好時，已經在製造他人的痛苦了。抨擊他人的缺陷並不會舒緩痛苦，只是讓他們更受折磨。戳人痛處只會讓事情變得困難，而且讓他人更沮喪。

別把公牛的負重轉移到體力弱的母牛上。

犏載莫移牛

我們必須承擔自己的責任，而不是把擔子丟給別人，逼別人做我們的工作。母牛沒有力氣承受公牛的負荷，而嘗試找其他人承擔我們逃避的責任，對自己一點好處也沒有。無論如何，我們會有資源與能力去應對，這顆善於創造的心，能重新分配工作量的。

別把修行當賽跑，

不好強爭先

這個世間已經太多競爭，我們並不需要成為那個「最好的」，成功這件事是可以讓給別人的。在自他之間做比較，一點都部會提升我們的修心訓練，就像先前有個口訣所說追求禪修的成果是同樣沒有意義的。對別人的修行成果感到羨慕或忌妒，或是試著抵消他人的成就，對自己其實都沒有幫助。修心並不是一個比賽或競賽，我們不是要努力超前，只是簡單地觀照自己的心。

別扭曲修行的動機。

斷除諸邪命

我們自己都可以想出喪失心的純淨的各種例子。如果迂迴又做作，或是運用權謀、聰明合理化地隱藏了自己真實的動機，那是不誠實，而且表示我們已經忘記自己進行修心訓練的原因了。當修持的心態被扭曲，我們自然而然得不到好處。

別把天神變成了魔鬼。

天莫淪為魔

修心試著減輕我們的心毒，應該使我們變得沉著、慈悲而親切。如果訓練提高的是我們的虛榮心與慢心，那是我們把它用在增長我執上了，才會將純淨的事物扭曲為卑劣與負面的事物，連天都看成了魔。所有跟戒律、誓言有關的口訣，說的都是以警覺的方式來觀照這顆心以及心的活動，讓我們修持的基礎不至於受損。墮落可能在無預警的情況下發生，因此我們必須對此小心，保持謙卑。

別尋求在他人的受苦中，建立自己的快樂。

為樂莫求苦

想從別人的苦痛或是不幸中獲得好處，只會減損我們對他人的悲心和修心訓練的所有理想。這麼做與希望他人安好、隨喜別人的喜悅是背道而馳的。我們必須保護好這顆心，別讓自己流於這樣的負面心緒，完全迷失了方向，並且讓事情變得更糟。

我們永遠不該對降臨在別人身上的苦難感到一絲喜悅。「享受」著別人的不幸，或是佔他人的便宜，我們連一秒的快樂都感覺不到，反而只是阻礙自己修行上的進步。任何眾生的不幸，對我們來說都應該是深沈的遺憾才是。

問與答

一想到要改變自我……

問： 我覺得改變自己的態度是很難的事。我不批評別人，但是對於
自己的不幸會感到自責，並且為此怨恨自己。我對自己的性格
感到執著，因為那讓我確信自己的存在，因此改變自我的這個
觀念，讓我覺得很害怕。

答： 改變自己的習慣與制約反應需要時間。對外在環境的失望使我
們決定修心，讓自己建立一個新的態度，以不同的方式看事
情。除了負面情緒，這麼做並不會讓我們失去其他任何東西。
面臨挫折或逆境往往讓我們產生防禦心並感受到不幸，瞭解這
些感受的最佳方式，就是認清它們事實上出自我們自己的貪、
瞋、癡。

我們的個性並非一成不變，其實是可以在一瞬間被改變的，然
而是我們太耽迷於自我，不想冒改變的風險。歸咎於我執的口
訣非常重要。我執切斷了我們可以將精力用於更有意義、更有
趣的事情上的可能性。

你提到的自我憎恨，我只有在西方世界這裡才聽說這個觀點，
而我想那是懷抱太高期待造成的後果。這裡存在著一種「凡
事都有可能」的文化，所以如果沒有達成能力所及的事情，便
產生了自我憎恨；這也是貪著與瞋恨的另一種盲目的形式。請
嘗試瞭解：你的恨意到底針對誰呢？請探索這個問題、接著繞

過，甚至摒棄這個問題一分鐘，這麼做，會讓你有一個好機會看見表面背後的事物。

如何放下情緒？

問：可以請仁波切為我們說明，放下情緒與壓抑情緒之間的不同嗎？

答：壓抑某件事，其實會讓我們對它陷得更深，我們不是着迷執著於對它的情緒，就是被自己的瞋恨所震懾，總之不管是哪一個，我們都已經被情緒所主宰。

壓制情緒，是將情緒留在身邊、拒絕將它捨棄的一種方式。我們一直與它保持著聯繫，就像一場拳擊比賽中，與對手近身接觸是為了甩開與攻擊他。一旦我們真正卸下了某個情緒，它會完全地消失無蹤，被我們所遺忘。我們沒有想要抓住什麼，也沒有想要抵抗或是阻止的意思；釋放它，情緒將會自然而然流逝，那就是所謂的自由。

問：您如何放下悲傷或失敗的情緒？

答：就是放它們走。放下悲傷或失敗的情緒，就和我們放下過去的痛苦沒有兩樣。下面要說的這個故事，也許對你們會有幫助。

在佛陀的時代，有一個因為幸福快樂的生活而在鄉里間聞名的家庭，父母、他們的兒子與媳婦之間從來不爭吵，因此被全村視為家庭生活的典範。有一天，這家的兒子突然過世了，鄉里

的人非常擔心，猜想這家人將會因此崩潰，於是有一群人來到喪家表達他們最深的同情。

要來慰問的鄉民來到這戶人家，發現一切看起來和平常沒有兩樣。沒有人在悲傷或流眼淚，這家人的媳婦正從河邊挑水回來，嘴裡還哼著歌。村民們都看傻了，忍不住問他們為什麼不傷心？結果老夫妻與他們的媳婦都這麼回答：「我們都清楚，有他相伴的日子將會是短暫的。我們在一起生活，只是暫時的，任何時刻都有可能分開。這讓家人間感情融洽，彼此相處起來沒有口角。現在，他過世了，但是我們知道這件事總有一天會發生，所以並沒有遺憾。因為過去我們一直真心而且慈愛地對待彼此，即使現在他走了，我們沒有理由難過。」

如果我們能記得這麼對待自己的家人與鄰居，與他人相處一定更加愉快。畢竟無法久留，我們之間有什麼好吵的？明白這一點，使我們在短暫共處的時間裡深愛家人這件事變得更有道理；如果做得好，當一位朋友或是親人離開這個世界時，我們會少一些懊悔。

問：如果某人的短處或缺點造成了別人受苦，我們能不能請求他改變？

答：你當然可以要求別人改變，不過不一定有用。他們可能不想，或者看不出任何需要改變自己的理由。助他們一臂之力去解決問題應該是比較有用的。要是人家否認你挑出的毛病，只會衍生爭吵。又或者某個缺點其實是一個長處，只有你覺得它是短處，那也是有可能的事。

問：請問真的有集體意識這件事嗎？

答：你我大概都同意有所謂個體意識的存在，每個人都是以個人化、彼此間稍有出入的方式理解事物。誠如一位昔日的政治家說過，每一個公開宣示都包含了四種版本——預想版本、真正版本、人們理解的版本，以及稍後被媒體報導的版本。在佛教，任何共享的事物都被視為「集體的業」，是過去行為與作用的結果。「集體」這個字帶有相似的含意，並非指人與人之間精神上完全相同的聯結。

所以，可以說是一個相似的業或意識把大家帶到這裡，讓我們都有這種共同的體驗，但是我想那並不是西方所謂的集體意識。佛教是非常個體性的，即使有寺院、修行團體與共修活動存在，你還是可以在不涉入這些事務的情況下，成為一位好的佛弟子；你可以尋求具格善知識的引導，但調伏情緒與心態終究是得由自己完成的功課。這是個人的選擇。

佛教另一個與眾不同的特質，是沒有不容挑戰的教條。世上許多宗教都以神所揭示的真理為基礎，期許信徒應該毫無質疑並尊崇這些真理，但不是去思考這些真理跟自己的人生經驗有沒有相關性。佛教的修行方式非常不同，它鼓勵人們去檢驗教法、深思教法、質疑教法，直到自己獲得定信。

禪修，像是辛苦工作後的休息

問：我們該怎麼把禪修與日常生活做結合呢？禪修看起來是非常智性的過程，然而西方人已經如此強調智識，我們是不是需要一

些更務實的方法？

答：當你開始修法，知道怎麼修之後，其實在日常生活中去做這件
　事情並不難。禪修是非常高深、敏銳的，然而也是合理的。基
　本上，禪修是讓你的心順其自然，一旦嘗試要自己感受平靜或
　是一個「好」的狀態時，你所做的已經不是禪修，而是創造期
　待了。你該停止期待任何事情，沒有需要努力的，也沒有壓
　力。你可以在任何情況下禪修：度假中、工作時，或是開車等
　紅燈的瞬間。將禪修過度智識化，是很難獲得深度體驗的。

　我現在所描述的，是鬆開執著的努力，而禪修是抒解，像是辛
　苦工作後的休息。讓自己的念頭自行發生、自行消逝，用哪一
　種方法禪修都可以，這個過程必須是起於內在，而不是某個花
　了時間就會做完，或是正在執行的計畫。我們不清楚這個過程
　要花多少時間才能做到；總之，我們需要練習。

問：為何什麼都沒做也會讓人感覺疲累？即使在禪修，我還是會想
　打瞌睡或覺得背在痛？

答：什麼也不做，應該是讓人非常愉悅的事，不過我察覺到不是很
　多人知道如何做到什麼也不做。我們需要學習怎麼放鬆休息。
　第一次禪修，因為缺乏經驗的關係，可能覺得才坐幾分鐘，時
　間已經無比漫長。七支坐法絕對不該是會讓人覺得痛苦的姿
　勢，當你習慣了，它應該是相當舒服的，能讓你坐上很長的時
　間。禪修，修的是心，而不是我們的身體，這個姿勢能提供心
　一個絕佳的禪修條件。行禪也很好，尤其對初學者更是如此。

問：請問什麼是證悟？

答：有很多人問過我，他們能不能獲得證悟。我的答案是不知道。我自己還沒有獲得證悟，也許你可以獲得證悟，但也許不會。佛教所指引的，是關於如何找到解決我們所有問題的方法。一個問題發生了，必然有其原因，也有解決的方法。我們所謂的證悟，指的是心達到一個不再產生問題的境界。

重點修持

總之，放下一切理由與藉口，開始修心吧！

懷抱著利益眾生的意圖行事。

諸瑜伽持一

凡事以悲心進行、並且懷抱一個清淨的動機，往往能讓事情產生正面的效果。我們的意念可以比任何實質行動更具有力量，想要饒益他人的願心將會總是出現好結果。因為不足取的動機或自私的衝動而行事，即使表面上看來做的是好事，結果仍將顯得乏善可陳。

為了一個目標，克服所有的惡緣。

遇違緣修一

我們以自他交換法來矯正、淨除碰到的各種問題與違緣。疾病、不善的緣、或是令人感到痛苦的事，都因能代表世間每一位眾生所受的苦難而變得有用。碰到的每個困境都是禪修的教材，也都能夠經由禪修獲得解決。在修持中承受負面感受、猜忌與逆境，是能讓我們免於痛苦的強力保護；在此同時，不要忘記悲心是禪修的精髓，而我們希望、也相信自己的奮鬥足以免除眾生在現在與未來遭受任何不幸。

在一天的開始與結束，憶念為自己與他人所發的菩提心。

初後行二事

在早晨醒來時、每晚入睡前，要提醒自己：我們的目標是培養與證悟悲心；這也是我們唯一需要的。其他的禪修法門與咒語也有用處，然而只有悲心能具體表達最高深的智慧。為了實踐協助眾生自輪迴中解脫的決心，我們應該永遠以「憶念解決所有眾生的一切苦」這樣的念頭來開始與結束每一天。這麼做並非只是為了某個特定的人、某個國家或是某個世界；我們的誓願是讓無始以來、所有世界的無量無邊眾生都得到絕對的自由。如果每天能夠重溫這個發願，其實無須其他的修行了，因為悲心即是修持。

無論發生任何事情，保持安忍。

二境皆應忍

堅持修心訓練，是重要的。我們的人生可能起起伏伏，然而這些境遇都一樣，不會長久。看來充滿希望的和看來具有危險的情況，同樣都是過去行為造成的結果。這些業的報應不是永久的，終究會過

去；所以請把每一個收穫與損失帶入修心訓練。在極度歡愉的心境中，保持耐性是必須的。感受到快樂，能讓我們得意忘形，變得感覺遲鈍而且粗心。在順境時，事情都如我們所願；這時，我們應該希望他人也有這般幸運。把自己的喜悅布施出去，我們增上自己在未來創造更多這些良善之果的意樂。

即便冒著生命危險，也要遵守正命戒律。

捨命護二事

菩薩戒與皈依戒是覺悟的兩項基本指南，具有最高的優先次序，是我們必須遵守與尊重的。在所有情況下，即使是危急時也一樣，都應該守護這兩項戒律。我們已經發願要隨分隨力、漸進培養自己的悲心；練習從細微處大方，有一天我們也能把自己非常喜愛的事物分享出去。我們的悲心能夠持續增長，直到可以為了饒益眾生而捨棄一切。有時候我們無法達到這些理想，但是沒有理由因此氣餒；自身即是修持，在自己身上下功夫修持，才是重點。每一個正面的行為，都值得讚揚。相較於在過去犯下的錯，現今能力仍有不足的這件事，並不是太嚴重的問題。別對自己過度嚴苛，我們持續努力改進就可以了。

在三種困難中練習修心，

當學三種難

口訣中提及的三種難處是有關對付由無明、瞋恨、欲望、妒嫉與慢心所衍生的負面情緒：這些情緒初生起時，我們不容易明白與察覺；然而它們一旦成熟顯現，將難以對治；最後，想把它們從我們的心念中連根拔除，更是不容易。除非我們能將情緒看清、抵消它

的力量並且加以移除，否則它會帶給我們與他人最椎心的痛苦。

維持修行的三要素。

取三主要因

修行有三大要素：一位善知識、一個我們可以用心修持的法門、以及安定的環境。我們必須要有一位能引導自己的心靈好友。找到一個適合自己的法門、並且正確地修習它也很重要。最後，我們還需要相對的閒暇與資源，提供自己一個合宜的修行環境──住所、飲食與衣物。這些是修行的必需品，除此之外，我們不需要其他的了。

別對三件事生起退心，

修三無失壞

對師長保持堅固的虔信與敬重是首要。如果我們的虔敬有所動搖、或是對自己的上師有所懷疑，我執很快就會重新奪回對我們的支配權。第二件必須保持的是對禪修方法的熱忱與信任。我們對法的承諾與誓言，則是必須小心仔細保護的第三件事。一旦上述三者穩固安住，我們就可以確保自己修行的穩定。

保持身、口、意不離修心。

成就三無離

修心訓練應該是廣泛而全面的。我們是以整個人的存在──全副的身、語、意來進行修心以成就善業。所有發自上述三者的念頭、言語和行為，都應該是為了累積資糧、避免造作不善的行為與結果。

在所有對境上，無分別、徹底地、全面地修行。

於境修無偏，遍且深修習。

在任何情勢中，保持修心訓練這件事是必要的。無論環境與心境是舒服或吵雜、好或壞，我們都應該持續練習。也要記得保持不偏頗與寬大的心，我們精進是為了每一處的每個人。訓練自己的心時，沒有所謂朋友或是敵人的區別，這一點，沒有例外。我們是為了無始以來一切眾生的利益而熟練這項訓練。

在招惹你的對境上禪修，

於厲境恒修

惱人與痛苦的情況提供修心訓練最好的題材；它們能夠幫助我們消除自身的瞋恨、恐懼以及我執。如果我們極力排除或忽視令人不悅的情況，失去的是一個充實禪修與減輕苦受的機會。我們以自己的憤怒取代一切眾生的憤怒；希望這麼做，能讓他們從此完全免於憤怒。我們的憤怒是如此強烈，強烈到再也沒有人需要生氣了；我們的憤怒已經用盡世間憤怒的所有能量。除了我，再也不會有人生氣；於是，我們也再不能有生氣的理由了。這個方法同樣適用於任何一種情緒：我們從外境來面對它、這樣便能注視它，打破它對我們的支配力，然後放下它。

心不隨外在情勢擺佈。

不依賴他緣

我們生來注定要被週遭的環境所影響，能做的只有盡力創造一個有

利修行的環境。長遠來說，我們試著找出一個不被週遭種種所影響的平衡點。修心訓練教我們無論面對如何令人分心的狀況，都要藉由禪修保持持續的覺知；不需要特別的安排或是環境就能這麼做。假如環繞在我們四周的環境令人心神不寧或有所障礙，沉著與對於這個方法的信心將帶領我們度過這些難關。不管外在環境如何，修心訓練都將對我們有所幫助。

即時修行重要教法，

今當修主要

過去，我們錯過了受益於教法的機會；此生，得遇修心訓練這個法門是我們的福氣。未來的因緣不會比現在更好，現在就是機會，而這項訓練只有在我們毫不遲疑地實際練習了，才有可能結出成就的果實。練習時請記得以下幾項重點：我們為了眾生的利益而生起悲心；要培養能引領我們自輪迴中解脫的菩提心；與其遵照法本盲修瞎練，我們更應循著師長的直接指導而進行這個練習。有另外一個關於阿底峽尊者的故事，點出了最後一項的重要性。

尊者第一次入藏，是應一位西藏國王的家族所邀請。為他翻譯的人是一位非常傑出的學者，尊者問他學過了哪些教法。這位譯者念了一長串令人印象深刻的教法名稱。尊者訝異、驚歎不已地說：「那我為什麼還被邀請來這裡作客呢？您看起來已經具備所有需要的教法了啊！」

所以阿底峽尊者繼續問這位同行：「您是如何進行這些不同的禪修呢？」譯者回答：「我照法本的指示做。」尊者說：「原來如此。這一定就是我被邀請來這裡的理由。」

停止六種顛倒。

不顛倒是非

這個口訣提醒我們避免搞混自己的優先順序。對於修心訓練的理解不完全，有可能敗壞自己的練習。顛倒了以下六個觀念的是非，也會影響我們投入修心訓練的程度：

1. 對於俗世中的生意、爭論以及其他物質事物具備耐性，卻無法對於修行與禪修抱持同樣的態度，這是曲解的耐心。

2. 祈求瞬間的歡愉與舒適，而非修行所帶來的長久福祉與富饒，這是有所誤解的發心。

3. 享受感官的歡愉，卻不懂感受學習、思維與禪修的喜悅，並非真的享受。

4. 對於行善卻遭受到困難的眾生我們生起悲心，但對於那些做惡的人則不然，這是不正確的悲心。

5. 為那些你所親近、親愛的人爭取世間的利益，卻不引導他們接觸佛法，這是一種錯誤的關愛。

6. 同樣的，因為敵人的不幸和痛苦而竊喜，卻無法隨喜別人的成就與美德，這也是一種錯誤的喜悅。

堅定、全心全意地修持，

不時作時修，當堅定而修。

我們必須勤於檢驗自己的修行成果，無論訓練帶來的是改進或是挫

折，我們都應該不受影響地持續修行。持守承諾是重要的。在平日，我們的心是這麼容易激動，以致於這些擾動的念頭總在我們不備的情況下將我們擄獲。翻騰的情緒是不穩定的，令人難以冷靜調伏或觀察。修心訓練提供我們以一種抽離的方式探索自己的心與情緒。懷抱「這項訓練能讓我們解脫」的信念，我們進行修持。所以，請信任自己的訓練。

以檢視與觀察釋放自己。
以二觀察解

唯有透過審視這顆心，我們才有可能直接瞭解負面心緒與妄想是如何生起的。我們必須保持警覺心。當我們認出了那些紛擾的內心活動，就能夠藉由採用某些必要的對治，特別是自他交換法的方式加以消除。經由持續探索、面對自己的情緒限度，心將獲得自由，而令人受苦的喜歡與厭惡的二元對立，也將得以終止。

別沉迷於自憐，
不好大喜功

當事情的進展不如人意，進行修心訓練中的我們可能生起不平衡的情緒。別讓自己絕望，或是覺得自己可憐。假如置眾生的利益與福祉於自身之前，我們就沒有權利要求他們回報。羨慕別人、渴望獲得更多好處、還有不珍惜自己擁有的這些機會，都是證悟無我的障礙。如果真的不滿意，不妨將這股情緒帶入訓練中，以它取代一切眾生遭受的挫折。

別嫉妒、別急躁。

不暴躁易怒

一定要小心地遠離嫉妒與惱怒這兩項情緒，它們都是我執的強烈表現，對任何人都沒有幫助。在西方，嫉妒折磨著許多人；似乎是越高度文明的人，越容易被嫉妒的情緒影響而受苦。這些情緒，對自心的平靜極度有害。

別太情緒化、狂喜暴怒，

不喜怒無常

不要沉浸在無法控制的歡樂或不悅中。過度敏感與情緒化會分散我們進行修心訓練的專注力，干擾我們的心。禪修的目的正是把心帶到一個穩定而中道的狀態，讓心能夠安住。

別期待他人的感激或讚賞。

莫追求聲譽

不會有人因為我們的修行而給予讚美。對於我們已經達到的成果，也不會有欣賞或是認同的目擊者或旁觀者。在日常生活中，我們的善行與悲心無聲無息地進行著；如果期待這些會帶來任何贊同或是他人的敬意，我們注定要失望了。我們該做的，是安靜、持續地往獲得解脫的目標上精進。

結語偈文

阿底峽尊者一生求教過眾多善知識，提及這些師長，尊者會雙手合十表達敬意；唯獨每每憶念傳授他修心訓練的金洲大師時，尊者總是交疊雙手、流著淚水。這裡結語偈文傳達了他對金洲大師的深切感恩：

將此盛五濁，轉為菩提道，

竅訣甘露藏，乃傳自金洲。

由昔修業醒，自眾信為因，

能輕苦譏毀，請調我執教，

今死亦無憾。

這個將五濁轉化為覺醒之方、精粹萬能的修心訣竅是金洲大師所傳授；因昔日的修行業力策發我的強烈興趣，因此，無視痛苦與譏毀，我尋覓調伏我執的要訣。如今，就算要離開人世了，我也無所遺憾。

「懶喇嘛」眼中的佛教徒禪修

一個佛弟子，指的是相信自己可以進步、徹底進步到成佛的人。

人們有時候簡單地認為佛教就是禪修，我不是很贊同這種觀點：禪修在佛法中是一個非常重要的部分，但是，它並非全部。

佛教修行的基礎

我將佛法視為一項修煉自己、用於提升自我的方法。曾經有人問我：「有哪一件事情必須相信才能稱為是佛教徒，而不信的話就不是呢？」

這是一個有趣的問題，關於這個問題的答案，我想了很多。一開始我想也許對佛法僧的信仰──皈依三寶是答案；但我仍然覺得答案不應該是這個，這些應該是發生在成為佛弟子之後才對。當某人一

開始成為一位佛弟子，是並不需要已經相信佛法僧的；甚至可能還不知道三寶到底是哪三寶。你必須在行經整條佛法之路以後，才會知道這些──事實上整個佛教也就是要讓人明白這些事──所以你實在不能把它們當成一個成為佛弟子的前提。

那麼，答案到底是什麼呢？我想應該是具備這樣的念頭：我能改變、我可以更好；我可以培養自己的正面特質。我想這才是基礎。

相信我可以變得更好

如果你不相信自己可以變得更好，我想，就不具備任何成為佛弟子或修行的基礎。要成為佛弟子，需要的真的就只是這一點。皈依佛法僧的基礎，正是奠基於相信自己能夠變得更好、更具悲心、更快樂、更喜悅等所有這些正面的信念之上；而且能夠改變的幅度不只是一點點，是無限量的。從佛教的觀點而言，這就是證悟，這就是佛果。

當我們說到佛，指的是一位已經將自身正面特質、內在與生俱來的善性提升到最高層次的人。這樣的人就是佛。所以一位佛弟子，指的是相信自己可以進步，而且是可以完全徹底的進步到成為一位佛的人。因此，修持佛法的目的，就是讓自己變得更好。

所以，如果我想要讓自己變得更好，禪修是修持中非常重要的一部分；不過，佛法的修持還有其他的層面。傳統上來說，佛法的修持可以分為三個層面：見地、禪修與行止（見、修、行）。

佛教的見地

第一個層面「見地」，是理解事情的方式。我們嘗試更清楚去瞭

解、認知現實；試著去瞭解我們對世界的一般認知與反應出了什麼問題。在佛教，獲得洞見、看清事實與解除迷惑，被視為是非常重要的功課。

佛教甚至認為我們所有問題的根源，事實上來自一個誤解——我們一切痛苦、負面情緒、一切衝突與煩惱的念頭和感受的基礎，基本上就是一個非常強大的誤解；這個誤解有時候也被稱為無明——無明，我們因為迷惑而無法看清自己。

無明是一個蒙昧的見地，使得我們無法看見事物的實情。因為看不清，我們就自己概念化、並加以詮釋；我們對事物分別、標識，再以這些作為基礎區隔它們。我們把自己的概念與詮釋加諸事物之上，造作了厭惡與貪愛；將其中的某些列為極好，其他的則是極壞，然後追求那些被我們貼標籤為好的事物，避開貼上壞標籤的另外那些。因為好壞都是我們自己下的判斷，於是我們跳脫不開，始終在裡頭糾纏。

所有這些問題都源自我們本身錯誤的認知方式。我們的誤解受到習氣長久以來的強化而穩固，越來越根深蒂固地與我們糾結在一起，儼然變成了我們跳脫不出的認知與反應的既定模式。

因此，試著去理解這個，就是我們的基本問題，這是非常重要的。然而即使我們嘗試理解、分析，也試著以更清楚的眼光看事情，光靠這樣，並不能改變我們感受事物的方式；比如說，雖然我們可能明白生氣不好，還是會發現自己在生氣。我們試著想要獲得某種理解，但是只有這樣還不夠，該怎麼做呢？這時，就是禪修登場的時候了。

把理解帶入更深一個層次

禪修是一種嘗試讓自己更深入自己的方法，能讓我們觸及更細微層面的心，同時也讓我們更熟悉自己所領會的一切。我們的瞭解通常處於知性層次，它是概念性的，所以需要讓這個瞭解深入我們的存在，熟悉它、讓它成為我們自身的一部分，而我們也變成那個瞭解。為了達成這個目的，我們需要禪修。

這一類的禪修被稱為「觀」的禪修（觀禪）。觀禪的藏文是「拉通」(lhak-tong)，梵語是「毗婆奢那」(vipashana)。我們準備要更深入去理解，準備要經歷這個更深層的體驗──不只是頭腦中理解，而且是體驗式的理解，後者被稱為「觀」。在著手觀禪之前，我們還得先練習另一種禪修：「止」的禪修（止禪）。止禪在西藏話是「息內」(shi-nay)，梵文則是「奢摩他」(shamata)。在止禪中我們純粹學習如何安住。我想所有的禪修法門其實都在學習如何安住，在止禪而言，特別是如此。在佛教的修持中有許多不同方式的禪修，不過，所有方法可以簡單地歸類成「止禪」與「觀禪」兩種禪修法門。

平靜你的心

止禪的西藏文「息內」有兩層涵義：「息」是平靜、和平；「內」則是安住、駐止。這兩個層面的意思，正好反映出我們如何修持這個禪修法門。

首先，應該靜下心，讓心處於放鬆、自由的狀態、讓心有種輕鬆

感。在尚未能夠達到這個境界前，我們會因為太緊繃也太忙碌，而無法具備生起洞見的環境或基礎；我們因過於躁動，以至於缺乏空間。所以在這裡，我們試著給自己一點點的休息、平靜、自在與放鬆。

這裡所說的放鬆並不是什麼都不做，像是在海邊做日光浴那樣；事實上，做日光浴的時候我們還是可能緊繃及煩躁。搭遊艇就更是了。因為看過一些人們悠閒在遊艇上休息、享受飲食以及應有盡有的畫面，我曾經以為搭遊艇是最休閒的事。當我有機會出海了，我才發現那一點也不悠閒；從頭到尾都是苦差事，根本沒有躺下來休息的機會，每個人都東忙西忙的，我還撞到船杆，差點都把頭撞破了！我說：「你們真把這個叫休閒？」人們回答我：「這個嘛，如果風向是對的，天氣又好，那麼你就能放手讓船自己走。是有這樣的時候啦，不過千載難逢就是了。」禪修絕不像這種「休息」，它是發自內心的真休息，是自在的生命，所以無時無刻都不需要感到緊張。

因此止禪可以說是最重要的準備工作，不是最後的結果，而是一個方法，像是引導我們進入觀禪的跳板。它不是最後的目標，但是，是一個極為重要的步驟。

傳統上來說，修習止禪需要時間與場所。我們會試著從每天的生活中找出一點時間來，也許是早上、晚上或任何我們方便的時間都行，來為自己的心創造一個寧靜的狀態進行練習。時間長度可以短到只有十五分鐘、廿分鐘、半小時或者長達一到兩個鐘頭——總之，是我們能力所及的時間範圍內，試著為自己打造一個時間與空間來學習如何放鬆、如何安住、如何讓自己平靜與清明。

心一旦能夠更放鬆、自在，就會變得更寧靜；心變得更寧靜，它也就可以變得更清明。從佛法的角度而言，當心變得清明，蘊含其中的其他良善特質，也會接著顯現。如果我們的心因為平靜下來而明白，就能看得更清楚，超越時間與空間的尋常限制。我們相信心靈感應、感受到他人心思以及看得見遠方發生的事情等等特質，都是因為心變得更清澈的結果。

不只是這些清明的特質，所有諸如智慧與悲心等正面特質，都是與生俱來的。事實上這就是主要的佛教哲學，尤其對於金剛乘與大乘佛教是如此。這裡我們所提到的特質，並非在自己已有的東西上加入什麼的結果，而是一直存在於我們內具本性的一部分，是與內具本性分不開的特質。

佛性

這也是佛教徒為什麼會說眾生皆有佛性的緣由。這意思是說，在我們每個人生命的根基，也就是自心——這裡說的不只是思考的心、或者意識，而是我們體驗的全部——基本上不只是純淨的，還具備了所有的正面特質：悲心、智慧與喜悅、清明與看清事情的能力。它們全部都在，只是被我們自己的誤解與習氣所蒙蔽了；如果放輕鬆，讓心澄清下來，它就會出現，所有好的特質也都將顯現。

就佛教的觀點來說，如果你可以就這樣、真的這樣安住在你真實的自然狀態中，所有好的特質都會自然展現，所以，比如說，你就不需要做些什麼讓自己開心；如果你可以做自己，喜悅會自然展現。這就是佛教的看法：基本上我們沒有什麼問題，那些有問題的部分

只是暫時加諸在我們身上，是可以被淨除的。

自然

由於那些多餘的層次主要是我們自己加上去的想法、假設、推測、認同與歸納，禪修基本上是學習一個單純安住、單純自然，不帶有這些加上去的概念性附帶品的方法。不過這裡說的以自然為原則，絕不是隨順自己的習氣。

所謂的自然有兩種不同的方式：一是根據我們的習氣——這大概是我們通常所知道的自然。我們放鬆了自己，然後想著：喔，去喝杯飲料吧。或者是放鬆、然後覺得自己需要抽根菸。那就是我們的習氣。然而，當我們從佛教的觀點談自然原則時，討論的並不是這種習氣式的自然本性，例如人們大體來說是相互競爭、忌妒、仇恨的，但是這些，並不是更深層的本性。

我記得看過一部電影，是有關一群受困在荒島上的孩子，雖然他們還非常小，但是已經展現了妒忌與競爭的特質，產生了對抗等諸如此類的行為。他們本該如此，那是一種習氣式的本性。甚至在我們一出生，就已經具備習氣；這正好符合佛教轉世投胎的觀念。

但是那並不是我們要討論的本性；有一種更深層的自然，超越習氣式的自然。根據佛教，最深、最全然的真實本性是純淨的，而我們要試著回到那樣的狀態，回到最基本的真實自性中。就佛教而言，這個目標必須藉由學習如何安住、就只是安住來達成，而這就是禪修。

禪修姿勢

一、先放鬆自己的身體

禪修得從一步一步學起。首先，放鬆自己的身體，關於這點，有個標準的坐姿有時候會被提起。禪修時，身體是重點，身、心、靈絕對不可能是完全分離的三件事。有時候當一個強烈的情緒生起了，人們會說：「喔，這真的是生理上的現象，不是心理的，是生理的。」當然，它是生理上的。心中有些事情發生了，它是生理現象——當你生氣，你的臉會變紅；當你傷心，眼淚會掉下來，所以是生理的現象。這是為什麼我們說生理會影響心理。

身心之間的關連是非常緊密的，幾乎不可分；因此人們相信建立一個正確的身體姿勢，可以幫助心安定下來。所以，我們從採用某個身體的姿勢開始禪修。不過有些人又過於極端，宣稱只要身體的姿勢正確，不需要再做其他的，禪修就會自動開始。我不知道是否可以直接採信它的表面意思，因為有時候這類的說法可能是用來強調某個觀點的重要性。

二、把背挺直，盤腿而坐

不管怎麼樣，我們從調整身體姿勢開始禪修。坐直，這時背挺直是最重要的。即使傳統上我們禪修時盤腿，我並不認為那是基本而不可缺的；在所有描繪彌勒佛的圖畫與影像裡，這位未來佛都是坐在椅子上的。這並不是過去幾世紀才這樣畫的，從第一幅描繪彌勒佛的圖畫開始，未來佛就一直坐在椅子上了，所以，也許坐在椅子上也不是太糟的事。搞不好我們這些沒辦法舒適坐在椅子上禪修的

人，將來反而無法生在未來佛的時代呢！如果你習慣了盤腿坐姿，那個姿勢是非常舒服的，然而這時要你坐回椅子上，你會發現那變得很困難。我一輩子都坐椅子，但是從來不感覺坐在椅子上禪修舒服；所以一旦有機會，我馬上就從椅子上下來了。不過，我還是覺得坐在椅子上也行的。

三、坐正，下顎與肩頸……柔軟些

接著背挺直坐好，別讓身體傾向某一邊、也別前傾或後仰；脖子、臉也要注意同樣的問題。稍微柔軟些、不要過度緊繃；請別磨牙、也別咬牙，放鬆雙唇。

四、臉與眼放鬆，心也鬆了！

合宜的坐姿其實是一種解壓的方法。看著某位正在進行禪修的人，或者不是在禪修的人也一樣，我們都可以從他們的臉上看出一點什麼的，不是嗎？看著他們的臉，我們可以感覺到他們的心是緊張、或是不緊張的。人們說臉就像是心的門戶，所以臉的放鬆挺重要的。藉由心的放鬆，臉或許也能放鬆，不過先放鬆臉部，同樣有助我們放鬆自己的心。眼睛也是重要的一環。人們說如果眼睛能放鬆，一切都能放鬆了。

所以你需要讓自己放輕鬆，不過，必須挺直；沒有挺直的身體，很容易失衡。所以一個平衡而且放鬆的姿勢，是我們進行禪修的起點。

安心自在

能安心自在是最重要的事了。有時候人們甚至建議我們可以造作一種放鬆、良好、舒適的感受，彷彿「感覺到全身的細胞都在微笑」。如果全身的細胞都在微笑，你覺得那會是什麼樣的感覺呢？應該是覺得很棒的，不是嗎？

就是它了：一種美好的感覺。感覺美好是非常重要的，因為以佛教的觀點，當你越習慣以某種方式感受，你就會變得越來越像那樣。這就是一種學習過程。所以你越感覺到放鬆，你會真的更加放鬆；越感覺自在，就會更自在；越感覺喜悅，就會變得更喜悅。當然同樣的，如果你感覺自己更生氣了，你真的會更生氣；或是覺得自己越來越悲慘，恐怕真的會越來越不幸。一切都是習慣問題。所以這裡我們要試著放鬆，因為一旦你覺得美好——就像全身細胞在微笑那樣，就沒有必要覺得悲傷或焦慮了。

念頭與感受

至於我們的心，也可以用同樣的方式處理：讓心放鬆就可以了。當然，它不會一直停留在那個情況，這就是我們的挑戰了。心會跑會跳，按照現代科學理論，人類從猿猴演進而來，所以，也許這就是為什麼我們有著像猴子一樣、跳來跳去的心了。

這裡，我們需要一些技巧。可是到底該怎麼做呢？該告訴自己：「靜下來！靜下來！靜下來！」嗎？這樣做，心是絕對靜不下來的。那麼如果你說：「別想這麼多了，停下來！」心應該還是停不

下來的，是吧？你越是這麼做，結果越糟。這也是禪修變得如此困難的原因——你想讓自己的念頭停止、不再感到緊張，但是你做不到；事實是你越這麼嘗試，你會更加緊張。不過，總該有辦法才對，這個就是學習的重點了。你不能以說「別想了！」來停止自己的念頭；你所需要做的，只是讓它自由來去。

因為沒有辦法關掉自己的心，我們必須學會一個放下念頭與情緒的方法，或者你可以說是就讓它去。除了讓它生起之外，你無能為力，因為它就是生起了；可是如果你任由它牽著鼻子到處走，那也不是禪修。我們究竟可以做什麼呢？

讓它們來來去去吧！

關鍵在此：當一個念頭生起，我們讓它生起；之後，我們就讓它去。要怎麼做？就是讓它自在來去。我們只做一件事：不讓自己隨著那個念頭跑。

那個念頭要跑出來了，我們就讓它跑出來，不過不會跟它糾纏不休，也不會追著它跑。我們並不需要說：「那不是個好的念頭；我不該有這樣的念頭。」也不必說：「喔！那是個不錯的想法，有這個想法會很不錯。」反正，什麼都不必說。

那就像是某人進入了一間空房子，裡面沒有什麼可以被拿走的、沒有什麼可以被弄亂的，就只是進入裡頭，然後走出來，沒什麼。這就是我們處理念頭的方式：讓它們自在來去。當一個念頭生起，我們說：「這是一個念頭，就這樣。」於是各種的念頭來來去去、情緒來來去去，我們不需要有反應，就讓它們來去，而我們讓自己放

輕鬆——在念頭裡放輕鬆、在情緒裡放輕鬆。自在於當下，什麼都不用做，就只是安住此處、安住當下。

如果能夠做到這樣，我們就有把握做自己的主人。到目前為止，我們總是被念頭與情緒所支配；我們被念頭、情緒與回憶完全征服，一點也談不上自主權。這也是我們痛苦、並承受所有緊張、壓力、焦慮與問題的原因。所以不要再讓那樣的事發生了，就放鬆、自在做自己吧！當我們學會這麼做、學會如何自在的那一刻起，那些念頭與情緒將再也不能打擾我們。對於任何在心中產生的想法，我們都有信心能將它放下。

然後我們將具足信心，自己是活在自己的主導之下。情緒與感受都在我們的掌控中，而不再是它們掌控我們。這一刻，我們是自己的主人。這或許不容易，但我們仍該努力朝這個目標邁進。

我們尋求的不是禪修中的美好體驗，所謂那些棒極了、或是妙不可言的經驗。也許我們會有機會感受那些，不過它們並非重點。我們尋求的是讓自己放鬆、讓念頭與情緒自在來去，不受它們支配。

尋找一個參考點

有時候我們可能發現自己無法做到這樣的事。因為過於受到習氣驅使，要這麼做對我們來說太難了。我們習慣於被某種念頭或情緒所支配、低聲下氣地照做。其實有很多的技巧與方法可行，每個人從中找出最適用於自己的就可以。不過，在一開始有件最重要的事，就是要有一個能令分心後的我們可以回歸的參照點。偶爾我們生起某個想法或情緒，然後被牽著走，沒有發現自己已經被它們牽著鼻

子走；然後突然察覺我們的心不在此、正繞著世界到處跑，接著感到恐慌、想著：「喔！我分心了！我沒有在禪修，感覺不妙。我沒辦法放鬆了。」別這麼做。就單純地讓心回到自己，記住我們的標的、記住那個參考點。

人們有時候以呼吸作為禪修時的參考點，因為呼吸是一件做起來非常自然的事。我們只記得自己在呼吸，有時候專注在吐氣、有時專注在吸氣，有時候則是專注於整個吸氣吐氣的過程。讓心安住在呼吸，然而放鬆就好。如果心跑到別的地方了、如果它正到處轉，我們只需記得讓心安住在呼吸上，就這樣不多也不少。不要跟它對抗、不需要告訴自己：「天啊，糟了，我分心了。」什麼都不說，我們只需要放輕鬆。

重複做這件事，這就是禪修了。重複的這個動作就是關鍵，因為我們就是透過這種方式學會事物的。學開車的時候，我們是怎麼做的呢？知道油門是用來加速、剎車可以用來讓車子停下來，還有離合器的功能是換檔，這些一點也不難；但是說到要親身操作，事情可就不是那麼簡單。我們發現自己總在做相反的事情：想剎車，卻踩了油門！而且一再重複這樣的錯誤，然後一點又一點地改善。所以要練習。是練習這件事讓我們真正能夠學會新的事物，而且它也是唯一的方式。禪修，就是練習。首先你需要學習如何禪修，直到學會了，然後持續不斷地禪修，就只有這個方法了。

在日常生活中落實禪修

上座禪修的時間是一段正式的訓練：我們應該如此看待它，才能把自己在上座禪修中學到的一點輕鬆與對焦慮的抒解，帶到日常生活中。

越放鬆，我們越能感受禪修正在發揮作用；然而這並不是一件只要禪修十五分鐘、然後結束就好了的事。如果只是這樣，雖然比什麼都不做好，但是我想也不會有多大效果的。

如果我們真的想把從禪修學到的放鬆運用到生活上，就得讓它變成一種生活方式。必須從內在開始放輕鬆，我想這不表示我們需要放慢做事的速度；我們都很忙的，有許多的事等著自己去做。當然，如果可以不要答應過多的請求是更好的，答應了做不到的事，會讓自己陷入麻煩中。即使如此，不管生活中承受哪些壓力，我們還是可以在其中放輕鬆、在心裡享有些許的自在。為什麼我們如此努力呢？我們如此辛苦工作的根本原因是什麼呢？我們為了讓自己開心而努力工作、為了給自己一個好的生活。但是如果努力工作的結果是讓自己陷入崩潰，那有什麼用呢？

所以請試著放輕鬆，即使辛勤工作，我想，讓心在最深的層次放鬆，仍然是重要的。值得注意的是如果無法放鬆，我們很難好好工作，可能會生病或崩潰，最後一事無成。我們的生活中需要一些從容與寬廣；也需要把稍許這樣的見解帶入當下。往往不是工作本身帶給我們壓力，是我們對工作的想法，給了自己壓力。如果可以放鬆、活在當下，我想會少些緊張與壓力。可能一整天我們都能感受到一些禪修後的餘韻。而且或許我們能夠更上一層樓而變得更好，不過這只是第一步。

觀禪為佛教的核心

進入現實的真正本質才是正事，這也是觀的禪修發揮作用的地方。觀禪事實上是佛教的核心，它是一種洞見，是看見心的真實本質、並且能夠完全證悟它。觀禪幫助我們完全認清自己是誰、自己究竟

是什麼。

如果能夠直視心那真實、不受遮蔽的狀態，就是證悟，就是真正的自由。我們可以停止對任何事物感到恐懼；不再需要感到恐懼，也不再需要感到缺乏安全感。

我們的不安全感、恐懼以及其他焦慮都源自一種感覺：感覺有個什麼需要被保護、有個什麼會被摧毀或不見、有個什麼還等著我們去達成。如果我們知道其實沒有什麼尚未達成；也沒有什麼必須鞏固，因為根本沒有什麼會被摧毀，這麼一來，就不需要對任何事物感到畏懼了、也不再有更多的問題會出現。這就是我們轉化自己看待事物的方式。

有著恐懼與不安、總是追求某個目標或想要避開某件事，因此總是感到緊張與焦慮的心的狀態，就是所謂的輪迴之心。輪迴之心總是處於緊張情緒中，而且總有尚未達成的事。

超越輪迴之心，有另外一個無需追逐、具備無畏懼的自由的心的狀態，就是所謂的證悟之心。我們稱之為證悟，因為它是一種洞悉力，是我們能看、能理解的能力；有時候我們又稱它為「領悟」，是一個以往我們不明白，現在明白了的體會，也就是一種洞悉。這是為什麼這一類的禪修方式，被稱為觀禪的理由。

如同前面說過的，已知的眾多不同佛教禪修法門，其實就只有這兩種類別——止禪以及觀禪。

問與答

學禪好比學騎速克達

問：想要對治禪修中有時出現的那種強烈、甚至痛苦的情緒，最好的方法是什麼？

答：那就是禪修。不要害怕面對它們。不管出現的是焦慮、或是悲傷、或是任何其他感受，這是你學習如何放下它們的機會。在任何情緒都可能生起的狀態下，這就是你安住之處；這是重點。最好的對治方式，就是不要緊抓著那個情緒不放。明白每個情緒都是暫時，這是重要的。

問：我應該鼓勵自己生起這類的情緒嗎？

答：你並不需要鼓勵這些情緒生起。不管怎麼樣，它們——不論是好情緒、壞情緒；開心的與令人不開心的情緒等，反正都會出現。念頭也是這樣，所有不同的念頭無論如何都會出現。當這些念頭真的發生，你應該這樣對待它們——別說：「喔！這是不該出現的。」這麼說並沒有好處，因為不管怎麼樣念頭就是會出現。不管你禪修、不禪修，它都會出現的。但是在禪修中，因為你更加平靜，有更多的情緒產生，而你也更能察覺它們。讓情緒出現不是重點，重點是你學會如何放下它，這才是最重要的練習，也就是禪修，這是我們需要學習的事情。你就只是去這麼做、持續地做、保持努力。

當一個情緒生起，別以為它是永遠存在的東西。它並不長久，

「懶喇嘛」眼中的佛教徒禪修 — 161

只是片刻的存在。你可以處在那個瞬間，和那個情緒共存，然後安住在當下。所有生起的，本質上都是短暫的，它們生起、生起、再生起。我們必須理解的第一件事，就是它並不是恆常的存在。它可能出現很多次，基本上是你越想著它，它越出現；你越跟隨著它，它出現越多次。究竟它要出現多少次，得看你決定；只要你不放下，它就一直在那裡。

所以當一個念頭或情緒生起，不管是什麼，在你放輕鬆面對它的瞬間，它就消失了。然後會有其他的念頭、情緒再生起，而你也用同一個方法面對，接著又有再一個念頭、情緒出現，你還是這麼做。這就是從事這個練習的方式：首先具備少許該怎麼做的理解，然後去學，然後你必須去做。

這就像你學騎腳踏車這件事。首先，你必須丟掉害怕去做這件事的恐懼，接著你得去做它。上車，然後跌下來，然後受點擦傷，可是之後就沒問題了。沒有人能真正告訴你怎麼騎一台腳踏車的，是吧？人們是可以跟你說所有關於這一類的事，但是這沒有什麼實質幫助。某個人可能跟你說：「你怎麼不直接坐上去呢？」然後另外一個人告訴你：「喔，你就握著把手，向前騎吧。」然後接著他們說：「你要踩踏板哪！」還有：「你得記得壓鈴呀。」我不曾學騎腳踏車，不過我曾經試著學騎速克達，那並不是一個太成功的經驗。那是在錫金，一個非常多山、上下起伏、沒有平地、連一塊作為足球場的平地都沒有的國家。所以我騎著車這邊、那邊跑，然後正當我想著：「喔，不，我千萬不能掉到水溝裡」，我的速克達就這麼不偏不倚地跌進了水溝！果然就像我們的心。

然後我決定騎上山頂，上山的過程一路順利，不過下山時就不是如此了。那路很窄，上面還有許多的軍用卡車穿梭，這些軍隊司機是從山下平原來的，所以不太知道要怎麼開山路，所以他們乾脆開在路中間。我要下山，有一台軍用卡車正要上山，旁邊還有兩個行人並肩走……我試著不斷按喇叭，但是根本沒有人注意我——誰會注意到這台小小的速克達呢！所以我趕快剎車放慢速度，可是車速越慢，就越難保持平衡，結果我還是摔車了。那台卡車隨後輾過我的速克達，這就是我的速克達學騎記的故事結局。可是，真正讓人生氣的其實是這個，那天我本來打算要在之後賣掉那台速克達的！所以是同樣的道理，我們是經由練習而學習。

雞飛羊跳的故事

問：您覺得以我們自己碰到的問題去培養對他人的悲心這種練習方式如何？在我們的禪修過程中，如果生起了令人痛苦的情緒，我們不能以觀想其他也遭遇類似痛苦的眾生來策發自己的悲心嗎？

答：這是一種好的練習方式，但它是另外一種禪修法門。當你試著安住、讓心定下來的時候，你不做那樣的練習，因為它將帶給你越來越多的念頭。但是說到另外一個層次的修行，你所講的方法有助於對我們自身難處的體認。通常當我們有了痛苦，我們會想：「我是唯一受這苦的人。」甚至覺得：「我的情況比任何人都還要糟。」然後我們就真的受大苦了。但是這其實是比較性的，不是嗎？你覺得自己受很多苦，因為你認為最糟的事都衝著你來；如果看見他人其實也在受苦，而且甚至是更大

的痛苦，你就不會覺得那麼糟了。

有一個我喜歡的故事，很適合用來闡述這道理。有個有著大家庭的男人，他和他的妻子、他們眾多的孩子，以及岳父岳母同住在一個小房子裡。屋子裡頭塞爆了，而他覺得自己很犧牲，於是這位男士跑去拜訪他的神父說：「請您幫幫我，我快瘋了！家裡頭有太多人，孩子們到處亂跑，打來打去，而我的妻子與岳父岳母彼此咆哮……真是夠了！這些搞得我快要發瘋，請問我該怎麼做呢？」神父說：「好吧，如果你能完全照我的話做，可以解決這個問題。」男人說：「喔，我會照您說的任何事去做，任何事！」所以神父告訴他：「那好，去買一隻雞吧，要活的，然後把它帶回家裡去。」男人果真到市場買了一隻活雞，然後把牠帶回家。當然，這樣一來家中更吵了，他忍了一個禮拜後再也受不了，所以又跑去找神父：「現在我應該怎麼做呢？現在比之前更糟了。那隻雞跟孩子們玩在一起，而且弄髒每一件東西，一切都更糟。我該怎麼辦呢？」

「別擔心，如果你照我說的做，一切都會沒問題。」神父還是這麼說。「現在去買一隻羊回家。」所以他又去買羊，帶著羊回家。之後，當然整個家更是完全吵成一團，他連三天都無法忍受，哭著去找神父：「我再也受不了了！根本不可能行得通，我到底該怎麼做？」神父安慰他：「現在你回家，把羊賣掉。」所以男子回家把羊賣掉，然後一週後他去找神父：「我覺得好多了，現在很平靜。」於是神父說：「現在把雞也處理掉吧。」所以他回家，把雞也處理了（我不知道他怎麼處理的，也許是做成雞湯了？）

又過了一段時間，他在街上遇到神父：「真的非常感謝您的幫忙！現在一切都沒問題了。」

一切都可以像這個故事說的，對吧？有時候當人們跑來跟我說：「天啊，這裡的每件事都如此糟，我的未來一片黯淡。」我會建議他們：「去印度看看吧。」有時候他們真的會去，回來之後會跟我說：「唉，回來真好。能住在這裡真好。」

所以當我們想想別人受著更大的苦、以及處在更糟的情況時，的確有助於自己全面觀察自身的問題。那同時也是一種策發我們悲心的途徑——因為我自己不喜歡碰到問題跟痛苦，所以我知道碰到問題與痛苦的其他人也不喜歡這些東西；而當我如此渴望從自己的問題中跳脫出來時，別人應該也是如此。所以我希望他們可以從自己的痛苦中解脫。這種同理心的思維過程就是悲心的主要來源，不是嗎？

一禪修，便冒出一堆情緒來……

問：我在自己的禪修經驗中獲得許多法喜。我的問題就是我太開心了，而我發現這讓我很難在日常生活中與他人相處。

答：我曾經是這麼想的：如果有些好事在我身上發生，我應該把它分享給朋友，然後他們一定也會很開心。可是我從一些不太美好的經驗中得知事實並非如此。如果你談的是你過得有多好，這不一定會讓你的朋友開心。所以打從很久以前，我就不再與人分享發生在我生命中的那些好事了；相反的，我跟他們談自己碰到的問題——即使我並不是有著很多的問題。現在我似乎

跟朋友們相處的更好了，他們對我的分享是這麼理解的：「他
也是會碰到問題的呀，就像我一樣。」

我想如果你希望跟其他人能好好相處，做到從別人的角度看事
情和將心比心是重要的。這麼做能讓你瞭解他們；而你越瞭
解他們、知道他們的感受，你越明白要怎麼跟他們互動。有時
候，我覺得如果需要的話，一點點假裝是無傷大雅的。

問：在禪修中辨識生起的情緒，比如說：「這是生氣」、「這是貪
　　著」等等，對我們有幫助嗎？

答：那可能是另一種技巧。不過如果你只是純粹想進行這個止的禪
　　修，最好是不要貼上太多標籤。貼標籤會引導我們產生過多的
　　念頭。一開始你說：「我正在感覺這個。」然後跑出：「這
　　是好的」或「這是壞的」想法；然後是：「我不喜歡這個」
　　或「我喜歡這個」。再接下來是：「這不應該是這樣」或「這
　　就應該是這樣」……然後你越來越捲入這一類的思緒，以至於
　　離開了禪修。所以我覺得最好別這麼做。也許對於自己經歷的
　　事物保持一點點覺知是無妨的，不過別把過多的注意力放在那
　　裡。能越快放下念頭或情緒，對你是越好的。

禪修經歷的階段體驗

問：以前我剛開始禪修時，獲得非常正面的經驗，但是過了一陣子
　　之後，這樣的感受停止出現了。現在我已經很久不曾再有那樣
　　的體驗。請問這是否代表我停止進步了呢？

答：我想這情況是很正常的。剛開始練習，很多的體驗蜂湧而來。然而到了某個階段，你不再有這些體驗，然後到了再一個階段時，你發現自己連禪修做起來都覺得困難，感覺自己的進展極度緩慢。我想這個過程，幾乎適用於我們學習任何一件事，不是嗎？

學語言也是如此：一開始的前幾個月你看到自己突飛猛進，從昨天那個連哈囉都不會說的傢伙，搖身一變成為今天不但學會打招呼、還能跟人家道謝說：「非常感謝您」；再過一天，你學了更多問候語：「您好嗎？」但是過了一陣子，你看起來學得不再那麼多了，因而看不到進步。事情都是這樣的：開始的時候是急速進步，然後到達一個階段平緩下來，並不總是穩定向上的趨勢。

根據傳統的看法，一位禪修者將會經歷五個階段的體驗。第一個階段的進展像是一條瀑布，其中的水傾瀉而下；你的念頭與情緒就像瀑布的水一樣強而有力，大到你幾乎再也無法禪修。這被視為一個合乎標準的第一階段，是你正在禪修中進步的徵兆。也就是說，如果這時你覺得根本無法禪修，那麼你有機會成為一位偉大的禪者。

關於禪修的體驗，有的時候出現得早，有的時候出現得晚，不過總是會出現、也會消失的。通常這些稍縱即逝的體驗——西藏話裡我們稱之為「釀」(nyam)——對真正的禪者來說並不是非常重要的。禪修中好的經驗並不是我們主要期待的事物。如果你有過一個美好體驗，你會想要再一次感受它；而當你想要、試

著再一次擁有它時，你是得不到它的。這美好的體驗來自你完全的放鬆；然而，當你試著再次擁有它，你並不是放鬆的，所以也就無法獲得。你越想要，越不可能得到它，於是你產生了挫折感！因此所有的禪修大師都強調、告訴我們別過度看重這一類的經驗。

這是一個美好的體驗，但是它會到來、也會消逝，我們不該有太多的貪戀。對壞的經驗也要做如是想。禪修老師告訴我們，一個好的禪修體驗跟一個壞的禪修體驗實際上是一樣的。不好的經驗、好的經驗、沒有好的經驗、也沒有不好的經驗，它們通通是一樣的，就只是經驗。

真正的禪修是學會不管生起的是什麼樣的體驗，都不重要。它只不過是一個體驗，而你可以安住其中。如果是一個好的經驗，你學著在裡頭安住；如果是一個不好的體驗，你還是可以學習在其中安住；如果是不好也不壞的體驗，你要學習的仍然是在其中安住。如果你已經學會如何在這三種不同的情況下安住，你已經學會了禪修。

編按
「佛弟子的禪修」(Buddhist Meditation)為仁波切「懶喇嘛」(The Lazy Lama)系列的第一本短篇開示主題。本系列收集了仁波切於1997年夏天在英國劍橋應企美仁波切(Chime Rinpoche)弟子邀請，進行的一系列說法內容。

詞彙對照表

Accumulation　積集（資糧）

Alaya　阿賴耶

Annatabindika　給孤獨長者

Atisha　阿底峽尊者

Attachment　貪愛、喜歡

Aversion　瞋恨、憎恨、厭惡、反感

Bodh Gaya　菩提迦耶

Buddha-nature　佛性

Bodhicitta　藏文：菩提心

Chekawa Yeshe Dorje　恰喀瓦尊者

Chöd　施身法

Clarity　清明

Clear light　明光

Compassion　悲心

Conditioning　條件、因緣

Daka/dakini　梵文：勇父／空行母

Dewachen　極樂世界

Dharma　法

Dilgo Khyentse Rinpoche　頂果欽哲仁波切

Ego-clinging　我執

Emptiness　空性

Enlightenment　證悟、覺悟

Four Thoughts　四思維

Gampopa　岡波巴

Generosity　布施

Guru　上師

Illusion　幻相

Ignorance　無明

Impermanence　無常

Jamgon Khyentse the Great　偉大的蔣貢欽哲仁波切

Jetsun Milarepa　密勒日巴尊者

Kadampa　噶當巴

Karma　業

Langri Thangpa Dorje Sengye　格西朗日塘巴尊者

Liberate/liberation　解脫

Lojong　藏文：修心

Making offering　供養

Merit　功德、資糧

Negativity　惡業、負面事物

Patrul Rinpoche　巴楚仁波切

Phowa　破瓦法

Preliminary　前行

Purification　淨除（罪障）

Relative bodhicitta　世俗菩提心

Samsara　梵文：輪迴

Sangye　藏文：佛陀

Sentient being　眾生

Serlingpa　金洲大師

Shantideva　寂天論師

Suffer/suffering　受苦／痛苦、煩惱

The seven-point posture　七支坐法

Shamata　梵文：止

Sumatra　蘇門達臘

Spiritual beings　神鬼眾（精靈）

The four kaya　四身

The Jakata Tale　本生論

Thought Transformation in Eight Stanzas　修心八頌

Tonglen　自他交換法

Ultimate bodhicitta　勝義菩提心

Yogi　瑜伽師、瑜加士

Vipashana　梵文：觀

報告法王：我做四加行

噶瑪巴親傳藏密「四不共加行」全紀錄

作者：噶瑪巴 鄔金欽列多傑
譯者：妙融法師　　定價：300元

修行，一定要做好基本功，如果你是佛弟子，一定要觀修「四加共行」；
如果你是藏傳修行人，傳統上，一定要修持「四不共加行」。

大寶法王：千年一願

17段「乘願再來」的心願

作者：米克・布朗
譯者：施心慧　　定價：360元

一位西方人眼中看到的噶瑪巴，會是什麼面貌？承襲自12世紀以來的轉世認
證，大寶法王17次的「乘願再來」，即將揭開「轉世的神祕」面紗！

法王教你做菩薩

噶瑪巴佛子行37頌釋論

作者：噶瑪巴 鄔金欽列多傑
譯者：堪布羅卓丹傑　　定價：320元

37種實踐菩薩道的方法，37則做個好菩薩的提醒，由法王噶瑪巴一一講
解，帶我們進入慈悲心的實修。

大願王

《華嚴經》普賢行願品釋論

作者：堪布 竹清嘉措仁波切
譯者：妙融法師　　定價：260元

如何祈願才能得到不可思議殊勝功德？真能解脫一切煩惱得大自在嗎？
堪布 竹清嘉措仁波切逐句講解偈文，教導大家祈願行持。

就在當下

108則創造更美好未來心要語

作者：噶瑪巴 鄔金欽列多傑
譯者：感恩　　定價：500元

中英對照智慧語錄，看開示，學英文，佛法英文都精進，一舉兩得。
《快樂學》作者馬修李卡德與《千年一願》米克布朗聯合推薦，想把握未來？祕密就是現在！

為什麼看不見

「看見」的關鍵就在「心」！

作者：堪布 竹清嘉措仁波切
譯者：施心慧　　定價：360元

不同的人看到不同的世界，佛陀看到的世界有什麼不同？跟著堪布 竹清嘉措仁波切多樣化修持之道，看見不一樣的心世界。

你是幸運的

直指快樂修行的道路

作者：詠給・明就仁波切、艾瑞克・史旺森
譯者：林瑞冠　　定價：360元

「世界上最快樂的人」明就仁波切，教你發現你的幸運，開發內在最大的能力，記起心靈密碼，提領生命中最大的財富。

唯一

大手印大圓滿雙融心髓

作者：堪布 卡塔仁波切
譯者：噶瑪策凌卻準　　定價：380元

藏傳佛法大師堪布 卡塔仁波切，融合大手印與大圓滿的精華，為現代修行人提供對治煩惱、了悟心性的訣竅。

請練習，好嗎？

明就仁波切「開心禪」引導

作者：詠給・明就仁波切
譯者：妙融法師　　定價：350元

學了很多口訣教授卻沒時間體驗？禪修到底和生活能不能結合？本書將顛覆你對禪修的想像。

相信，你就是！

確戒仁波切教你成為金剛亥母

作者：確戒仁波切
譯者：堪布羅卓丹傑　　定價：300元

金剛亥母觀修法是一部已經傳承千年以上的法，歷代大成就者證得成就前，無不修習過此法。慈悲的確戒仁波切希望透過本書，讓現代人在忙碌中找回心的清淨。

眾生出版社　系列叢書

小吉寶貝
明就仁波切的小朋友開心禪

作者：詠給・明就仁波切
譯者：哲也、林瑞冠　　定價：250元

世界知名的禪修大師詠給・明就仁波切，第一本專為孩子、爸爸媽媽和老師而寫的親子成長禪修繪本。

《大波若經》（十冊）
家中的吉祥結界

譯者：唐・玄奘大師　　定價：15,000元

般若是佛法的中心，更是菩薩行者六度萬行的基礎。六百卷的《大般若經》，是佛教最長的經典。是大乘佛教世界最重要的吉祥象徵之一。念誦《大般若經》，更是藏傳佛教界的美好傳統。

因為你，我在這裡
第一世噶瑪巴杜松虔巴傳記與教言

作者：第一世噶瑪巴 杜松虔巴　　譯者：倫多祖古　　定價：350元

杜松虔巴從一個平凡人成為第一世噶瑪巴，許一個利他諾言，就有能力900年來不間斷地實踐。本書要告訴你這個從平凡到不凡的故事，揭示他讓自己不再受苦、也能讓你不再受苦的秘密。

恆河大手印
「大成就者帝洛巴二十九偈金剛頌」釋論

原著：帝洛巴尊者　　釋論：第十世桑傑年巴仁波切
藏譯：噶瑪慶烈蔣措　　定價：370元

噶舉皈依傳上地位尊貴的桑傑年巴仁波切，將大成就者帝洛巴的二十九偈金剛頌，作教證俱精的註解，逐句解說，全書宛如大手印法教的林園，入眼皆是動人心魄的心性光華。

四加行，請享用
校長上菜，祝你修行胃口大開

作者：確戒仁波切　　譯者：堪布羅卓丹傑　　定價：340元

「四加行」是進入藏傳佛法正行修持之前的暖身準備動作，累積資糧，淨除罪障，增益信心，是心靈春耕前的一系列「整地」動作，整好心地，迎接修行的豐收季。藉著四種基礎功課，調整自己的修行體質，走上正確的解脫路。

動中修行

讓世界靜下來，或讓自己靜下來？

作者：創巴仁波切　　譯者：靳文穎　　定價：280元

現代人生活忙碌，特別需要動中修行的功夫——尤其，面對「非做不可」的壓力時。本書中，禪修大師創巴仁波切以七個章節，教授我們七種「動中修行」的方法，能讓我們在身與心的高度緊繃間，找到歇息的舒緩點。

放空：從內心深處放輕鬆

作者：堪布 慈囊仁波切

譯者：堪布 羅卓丹傑、噶瑪慶烈蔣措、張福成　　定價：330元

什麼時候，才能放自己一馬，讓心真正休息？本書教你從懺悔，到性空，到無生，一步步學會「放空」的智慧。內容分三部分，是慈囊仁波切《三蘊經》、《般若波羅蜜多心經》以及《一字般若經》的開示。

乾乾淨淨向前走

從〈三十五佛懺〉步上成佛之路

作者：堪布 卡塔仁波　　譯者：比丘尼洛卓拉嫫　　定價：340元

本書內容分〈三十五佛懺悔文〉釋論與「給你一張修行藍圖」兩部。第一部是教導我們經由頂禮、懺悔、迴向三事以淨罪、集資。第二部依見、修、行、果四分類，深入淺出解說應該如何實修。

愛的六字真言

作者：第15世噶瑪巴・卡恰多傑、第17世噶瑪巴・鄔金欽列多傑、
　　　第1世蔣貢康楚仁波切

譯者：妙融法師、堪布羅卓丹傑、金吉祥女　　定價：330元

大自在成就者「唐東傑波」，多次親見觀音菩薩所獲得的教導精髓，15世大寶法王、17世大寶法王、第1世蔣貢康楚仁波切，以愛加持這一切萬法的精華——六字真言，以此讓我們的人生真正充滿意義。

座墊上昇起的繁星

作者：堪布 竹清嘉措仁波切

譯者：施心慧　　定價：390元

8篇「直指人心」的開示集，內容分四部分，分別是見林、見樹、見果和祈願：先帶你宏觀看見修行的全貌，再微觀深入修行的細節，當確信與覺受如繁星昇起時，帶你親嘗修行的甜美果實，最終，以「了義的祈願」畫下句點。

經典開示(6)

修心：七種自利利他的「心靈煉金術」

作　　者　林谷祖古仁波切(Ringu Tulku Rinpoche)
譯　　者　呂家茵
發 行 人　孫春華
社　　長　妙融法師
總 編 輯　黃靖雅
責任編輯　徐世華
版面構成　造極彩印
封面設計　自由落體
行銷企劃　黃志成
發　　行　周淑華

台灣發行　眾生文化出版有限公司
　　　　　地　址：236新北市土城區承天路8巷4-1號
　　　　　電　話：02-2269-6059　傳　真：02-2269-4013
　　　　　劃撥帳號：16941166　戶　名：眾生文化出版有限公司
　　　　　電子信箱：hwayue@gmail.com　網　址：www.hwayue.org.tw

台灣總經銷　飛鴻國際行銷股份有限公司
　　　　　地　址：231新北市新店區中正路501-9號2樓
　　　　　電　話：886-2-82186688　傳　真：886-2-82186458

初版一刷　2012年11月
I S B N　978-986-6091-14-8（平裝）
定　　價　330元

國家圖書館出版品預行編目資料

修心：七種自利利他「心靈煉金術」/ 林谷祖古仁波切作；
呂家茵中譯. -- 初版. -- 新北市：眾生文化, 2012.11
180面；17X22公分. -- (經典開示；6)　譯自：Mind training
ISBN 978-986-6091-14-8(平裝)

1.藏傳佛教 2.佛教修持

226.965　　　　　　　　　　　　　　　　　101020462